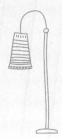

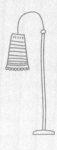

나는 마당 있는 작은 집에 산다

땅콩집 건축가 이현욱의 행복한 집이야기

나는 마당 있는
작은 집에 산다

이현욱 지음

카멜레온
BOOKS

마당은 아이들의 정서발달과 자연친화에 도움이 되는 행복한 놀이터다.

가족이 함께하는 시간이 많을수록 행복이 자란다.

Contents

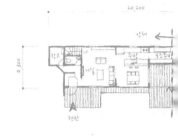

아이들의
웃음소리

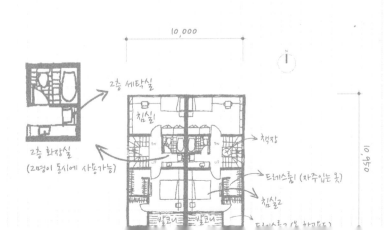

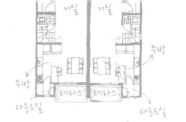

중동 단독주택 1층 평면도

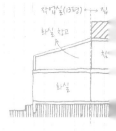

모기장 뚫고 하이킥

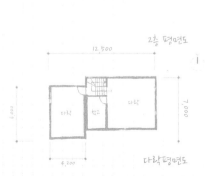

7,400

단면도

부록

나도 **마당 있는** 작은 집에 산다

작은 마당이 있는
땅 콩 집   이 야 기

친구들에게 같이 집을 짓자고 하면 처음 반응은 무조건 오케이다. '우리 나중에 크면 나란히 집 짓고 살자.'고 어린시절 추억을 나누며 들떠 있다가도 다음 날 통화를 하면 친구의 반응은 거절하는 경우가 대부분이다. 아내의 반대 때문일 수 있고 돈 문제 때문일 수도 있다. 직장과의 거리, 아이들 학교 문제 등 이유가 다양하다.

그런데 '땅콩집 친구 찾기' 상담을 하다 보면 뜻밖에도 부모님의 반대가 가장 많다. 편안한 아파트를 버리고 왜 불편한 단독주택에 살려고 하느냐, 돈이 없으면 그냥 아파트에 살지 굳이 친구랑 같이 집을 지어야 하냐, 나중에 집을 팔 때 아파트보다는 쉽지 않을 거다, 여름에 덥고 겨울에 추운 집에서 어떻게 살려고 하느냐 등등 왜 사서 고생을 하냐는 것이다. 기성세대들은 단독주택의 고통과 아픔을 함께한

세대여서 아파트라는 편안하고 따뜻한 공간을 선호한다.

현재 우리나라 사람들 대부분은 결혼을 하면 당연히 아파트에 살아야 한다고 생각한다. 많은 아이들이 아파트에서 태어나고 자라난다. 그런데 '집은 아파트가 최고'라는 고정관념, 그리고 편안함과 재테크의 이점만으로 아이들이 희생되고 있는 건 아닐까 생각해본다.

지금 땅콩집에 같이 살고 있는 구본준이라는 친구는 2007년 죽전 모바일홈을 지어 살 때 만난 사회친구다. 나는 건축가로, 친구는 건축기자로 처음 만났다. 모바일홈은 2006년에 이슈가 된 집으로 TV방송과 여러 잡지에 소개되며 유명해진 집이었다. 구기자는 뒤늦게 나를 찾아왔다. 기사로 소개되는 집은 길어야 6개월의 생명력을 지니고 있다. 모든 기사가 그렇듯이 나의 집은 모든 기자에게 잊혀진 지 오래였다. 그런데 뒤늦게 찾아온 이 사람은 뭐지? 왜 이제 와서 인터뷰를 요청하지? 쓸 기사가 없나? 라고 생각하고 마지못해 인터뷰에 응했다.

"우선 저는 실패했습니다. 집이 너무 추워 아내에게 욕을 바가지로 먹었고요, 한 달 난방비가 119만 원이나 나왔어요. 제 실패담을 자세히 써주세요. 제가 광장건축에 입사해서 15년 경력의 대표이사입니다. 문화시설, 오피스텔, 빌딩은 나름대로 전문가라고 생각했는데 단독주택 18평도 제대로 설계를 못했습니다. 그래서 건축공부 다시 하고 있어요."

4일 뒤 「한겨레신문」을 보고 나는 깜짝 놀랐다. 나의 실패담이 신문에 대문짝만하게 소개가 된 것이다. 그것도 한 면 전체를 도배했다. 내 얼굴이 신문에 그렇게 크게 나온 건 난생 처음 있는 일이었다. 나는 신문을 보고 한참을 웃었다. 그것도 소리를 내면서.

"하하하. 구기자 나를 확실히 보내 버렸네!"

다음 날 우리는 술자리에서 만났다. 구기자는 그동안 많은 건축가를 만나 건축물을 소개했지만 나 같은 건축가는 처음이라고 했다. 기자에게 좋은 점만 이야기하지 실패담을 얘기한 사람은 처음이라는 것이다. 그리고 자기가 여태 해 온 공부가 잘못됐다는 것을 인정하고 다시 공부를 시작한다? 그래서 내가 마음에 들었단다. 그날로 우리는 친구가 되었다. 그 이후 만나면 건축에 대한 생각과 철학에 공감을 하며 맞장구를 쳤다. 특히 아파트가 인간에게 미치는 나쁜 영향과 문제점에 광분을 하며 열띤 토론을 했다. 그러던 어느 날 운명의 날이 오고 땅콩집이 탄생하게 되었다. 결혼생활 10년 맞벌이에 이제 전세 3억. 언제 돈 벌어 마당 있는 집에 살아보냐는 얘기가 시작이었다. 하나밖에 없는 아들은 벌써 초등학교 4학년. 아들에게 "뛰지 마! 아래층에서 올라온다."며 아빠 잘못 만나 불쌍하게 자라는 아들에게 미안하다는 얘기를 어렵게 꺼냈다. 자신은 어린시절 마당 있는 집에 대한 추억이 있는데 아들에게는 그런 추억을 만들어주지 못하는 걸 한탄했다.

"3억? 돈이 없으면 둘이 해! 혼자 해결을 하려고 하지 말고. 혼자하면 어렵지만 둘 합하면 6억. 우선 든든하잖아."

이 말에 친구는 잠시 얼어 버렸고 내가 봐도 좀 충격을 받은 얼굴이었다.

"선택의 여지가 없잖아. 마당 있는 집에 지금 당장 살고 싶은 거 아냐? 그럼 친구를 찾아."

친구를 찾아 같이 집을 짓는다는 건 말처럼 쉬운 일이 아니었다.

"너랑 같은 생각을 하고 있는 친구를 찾아봐. 아님 부모님은 어때? 이번 기회에 같이 사는 것도 좋지 않냐?"

그리고 한 달 뒤 구기자가 친구를 찾았다는 연락을 해 왔다. 반가운 소식에 같이 땅을 보고 설계미팅을 진행했다. 용인 동백 신도시에 단독주택 부지를 하나 골랐다. 동네가 조용하고, 초등학교와 할인마트도 가까이 있었다. 교통은 광화문까지 1시간 걸리는 광역버스가 있어 신문사까지 출퇴근이 충분했다. 그리고 구본준의 친구는 직장이 경기도 이천이라 더욱 문제가 없었다. 땅값 3억, 한 필지에 두 가구가 살 집 두 동을 지으면 공사비가 3억, 합이 6억이다. 땅 68평에 한 동당 48평집(한 집의 최대 바닥 면적은 16평. 2층도 16평 그리고 다락이 16평) 두 동이 들어가면 앞마당만 20평이 나온다. 두 집 다 16평에 대한 개념이 없어 가설계를 보고 이 정도면 충분하다는 것에 공감하고 완벽한 시나리오가 구성되었다. 그리고 일주일이 지났는데 구기자로부터 이천이 직장인 친구가 포기했다며 미안하다는 메일이 왔다. 부모와 상의도 했지만 설득에 실패했고 자기도 집 짓기를 포기할 수밖에 없음을 이해해달라는 내용이었다.

너무 쉽게 일사천리로 진행이 된다 싶었는데, 결국 실패로 돌아가고 말았다. 나는 땅콩집 설계도면을 찬찬히 보았다. 눈물이 났다. 산모가 아이를 낳다 사산한 느낌이 이런 건가 싶을 정도로 가슴이 아팠다. 결과는 종이에서 끝났고 기대가 컸던 만큼 상실감도 컸다.

다음 날 아침 눈을 뜨니 좋은 생각이 났다. 그래 내가 하자. 내가 친구가 돼 주자. 누구보다 이 프로젝트를 잘 이해하는 사람 둘이서 이 일을 끝내야 한다. 당장 친구에게 전화를 걸었다.

"같이 할 사람 찾았어. 나 어때? 나름대로 괜찮은 녀석이야. 우리 아내도 좋은 사람이고 아이들끼리도 사이좋게 잘 지낼 거야."

결정은 쉬웠다. 친구도 대환영이었고, 누구보다도 마당 있는 집에서 아이를 키우고 싶다는 두 남자의 열망이 일사천리로 일을 진행시켰다.

문제는 아내를 설득하는 일이었다. 아내는 집을 실험의 대상으로 보는 나를 늘 못마땅해했다. 벌써 이번이 세 번째, 아내를 설득할 자신이 없어 일단 몰래 진행하기로 마음먹었다. 아내는 분명히 반대할 것이므로 집을 다 지어놓고 말할 참이었다.

땅을 구입하고 건축허가가 나고 한 달 만에 집을 짓는 프로젝트. 말이 한 달이지 주택은 상가 건물과는 달리 면적에 비해 공사기간이 오래 걸린다. 게다가 전셋돈으로 시작한 일이라서 공사비 조달이 쉽지 않았다. 땅을 담보로 추가 신용대출을 받아 땅을 구입했기 때문에 더 이상의 대출은 불가능했다. 결국 전셋집 계약금을 받아 공사 계약금을 치르고 공사기간을 한 달로 약속한 뒤 외상으로 공사를 시작했다. 전세 잔금을 받으면 이사를 하고 공사비를 주면 모든 일이 끝나는 시나리오를 구상했다. 30일 프로젝트는 10일을 더 넘겨 40일이 걸렸지만 두 남자는 아파트 전세에서 벗어나 마당 있는 집으로 이사를 할 수 있게 되었다. 아내에게는 땅을 구입하고 건축허가가 나고 시공사 공사계약까지 하고 기초공사가 끝날 때가 되어서야 사실을 말했다. 아내와 아이들을 현장에 데려가 집터를 보여주었다. 초등학교가 여기 있고 할인마트가 여기라며 필요 이상으로 친절한 설명을 했다. 아내는 이상한 생각이 들었는지 내게 물었다.

"여보 혹시 이거 우리 집이야? 또 나 몰래 실험하고 있는 집인 거지?"

아이들은 엄마 말을 듣더니 좋아서 우리 집 하자고 성화다.

"우리 집이야. 다음 달에 이사할 거야."

아이들을 껴안으며 말했다. 차마 아내의 얼굴을 보고 말할 수 없었다. 아내는 그날 밤새도록 울었다. 상의도 하지 않고 또 일을 저질렀다며 혼자도 아니고 이제는 친구까지 꾀어 이 미친 짓을 시작했다고 울고불고 난리였다. 그 이후로 아내는 툭하면 어떡할 거냐고, 한 달 뒤에 집이 완성되지 않으면 누가 책임을 지냐고, 이 일이 실패하면 우리야 어쩔 수 없지만 친구네 집이 거리에 나앉으면 누가 수습할 거냐면서 불안해하며 잠을 설쳤다. 그런 아내의 마음을 충분히 이해했다.

이렇게 땅콩집은 우여곡절을 겪으며 완성이 되었고 두 집 다 아직까지 별 문제없이 행복하게 잘살고 있다. 여름에 시원하고 겨울에 따뜻하고 건강한 집에서 건강한 삶을 살고 있으니 이번 프로젝트는 성공이었다. 세 번째 짓는 내 집이라 그동안 노하우를 많이 축적해둔 나는 처음부터 자신이 있었다. 특히 땅콩집의 성공을 의심하지 않고 끝까지 믿어준 친구가 고마웠고 눈물을 흘리며 나를 따라준 아내가 고마웠다.

땅콩집에서 산 지 벌써 4년. 이렇게 오래 살아본 집은 처음이다. 아내는 요즘 또 불안해한다. 지금의 이 오랜 평화가 불안하고 남편이 또 혼자 무슨 꿍꿍이를 만드는지 불안해한다. 그리고 나의 아내는 남편이 어느 날 갑자기 하는 이 말을 가장 무서워한다.

"여보 우리 이사가자. 짐 싸!"

나는 마당 있는 작은 집에 산다

아이들의
웃음소리

단독주택에 사는 가장 큰 이유는 아이들 웃음소리 때문이다.
마당에서 들리는 아이의 웃음소리는 집 안으로도 이어져 집도 마당의 일부가 된다.
어른들은 마당을 집의 일부로 생각하지만 아이들의 웃음소리를
쫓아가보면 집은 오히려 마당놀이의 연장선상에 있는 것이다.
가족의 행복의 척도는 바로 아이들의 웃음소리다.

우리 아들
별명은 '땅콩'

"아빠! 우리 집 이름 바꾸자. 땅콩집 말고 마스터집, 아님 포터의 집 그런 거 어때? 멋있잖아."

퇴근해서 식탁에 앉자마자 아들은 심각한 표정을 지으며 이야기를 꺼냈다.

"갑자기 집 이름은 왜? 땅콩집이 자랑스럽다며. 좋아하는 이름이잖아. 무슨 일 있어?"

"아빠, 학교에서 오빠 별명이 땅콩이래!"

딸은 하하하 웃다가 뒤로 넘어갈 기세다. 딸의 웃음이 커지는 것에 반해 아들의 얼굴은 일그러졌다.

"친구들이 나보고 자꾸 땅콩이라고 놀려. 하지 말라고 해도 소용이 없어."

딸이 깔깔 웃으니 나도 절로 웃음이 나왔다.

"친구들이 너한테 어울리는 별명을 지어준 거야. 아빤 그 별명이 마음에 든다. 하하하."

"아빠 그치?"

딸이 맞장구를 쳤다.

우리 아들의 학교 별명은 땅콩! 내가 땅콩집으로 유명세를 타는 바람에 생긴 별명이다. 12월생이라 반 친구들에 비해 키가 작은 우리 아들은 키순으로 앞에서 2번. 땅콩은 내가 봐도 어울리는 별명이다.

"친구들이 땅콩집을 잘 몰라서 그러는 거야. 당당하게 난 땅콩집에 산다고 얘기를 할 정도는 돼야지. 난 땅콩집이 좋다고."

아들은 친구들을 설득할 자신이 없는 눈치다.

"할 수 없지. 놀리는 친구들을 우리 집에 초대해. 이렇게 좋은 땅콩집을 보여주면 다시 또 놀러오고 싶어서 너를 좋아하게 될 거야. 그리고 다시는 땅콩이라고 놀리지 않을걸! 내일 당장 친구들 불러. 그동안 주말도 일하고 너희들과 노는 약속도 못 지키고 했으니까, 내일은 오전만 회사에서 일보고 오후에 올게. 좋지? 그리고 아빠가 친구들에게 자세히 잘 설명해서 다시는 놀리지 않게 할 테니까 어서 밥 먹자."

친구들을 데려오라는 말에 아들의 표정이 금세 달라졌다. 그리고 딸이 더 좋아라 하며 물었다.

"아빠 나도 내 친구들 불러도 돼? 아빠가 우리 집 설명해줘."

"좋아! 내일 친구들 다 불러."

아내는 내일 약속을 꼭 지키라며 손가락을 내밀었다.

"나 원, 이 정도 일로 손가락까지 걸어야 해?"

"아빠 나도, 나도."

다음 날 집에 오니 나를 반기는 아내만 있고 아들은 보이질 않는다. 다락방에서 딸과 친구들이 노는 소리만 가득하다.

"아들은? 아직 안 왔어?"

"금방 올 거예요."

다락방에 올라갔는데 딸은 노는 데 정신이 팔려 아빠도 보이질 않는 것 같았다. 설명이 필요없겠다 생각하고 1층으로 내려오는 순간, 현관문이 열리고 아들과 그 뒤로 네 명의 친구들이 들어왔다. 역시나 아들의 반 친구들은 나에게 인사하는 것도 잊고 집 구경에 신이 나 있다. 들어오자마자 한 친구가 아들에게 물었다.

"너희 집 몇 평이야?"

이 말에 아들은 눈을 위로 치켜뜨고 생각하지만 대답이 없다. 이것들 봐라, 초등학교 3학년이 벌써부터 집 평수를 물어봐? 당연히 우리 아들은 우리 집이 몇 평인지 모른다. 나도 가끔 헷갈리는 데다, 사실 우리 집 평수를 설명하기가 어렵다. 다락방을 평수에 넣어야 하나 아님 아파트 발코니처럼 서비스 공간이라고 해야 하나? 잠깐 생각한 아들은 이어 입을 열었다. 그 대답이 더 멋졌다.

"우리 집 3층이야!"

"한세네 집 3층이야? 죽인다!"

아들을 따라 친구들은 2층으로, 다락방으로 올라가면서 탄성을 지른다. 다락방에서 다시 1층으로 내려오더니 1층 거실을 지나 마당으

로 달려 나간다.

"와 마당도 있어. 너네 집 부자구나."

아들은 겸연쩍은지 씩 웃고 있었다.

사실 그 친구가 사는 아파트나 우리 집이나 가격은 똑같다. 하지만 돈을 떠나서 아이들이 보는 눈은 절대로 같을 수가 없다. 마당이 있고 다락방이 있는 단독주택을 부러워할 뿐이다.

"너희 집 몇 평이야?" 라는 질문에 요즘 아이들의 세태가 담겨 있다. 살고 있는 아파트 평수로 친구를 구별한다는 얘기는 들었지만 직접 겪으니 당황스러웠다. 아파트 단지가 몰려 있는 동네에서는 30평대, 20평대 아파트에 사는 아이들과 임대 아파트에 사는 아이들이 같은 학교에 다닌다. 무서운 것은 평수 구별을 하고 같은 평수끼리 어울려 논다는 것이다. 그리고 평수로 그 친구의 모든 가치를 평가한단다. 참 서글픈 현실이다. 사람의 가치가 초등학교 때부터 돈과 배경에 따라 분리되고 경쟁하면서 커가면 이 아이들은 미래에 모든 사람들이 친구가 아닌 경쟁자로 보일 것이다. 이런 일이 과연 아이들의 잘못일까?

"너 어디 갔다가 이렇게 늦었어? 학교 끝나면 집에 곧바로 와야지."

"응, 오늘 한세네 집에서 잠깐 놀다 왔어. 한세 엄마가 맛있는 과자도 구워주셨어."

"그래? 어디 살아? 몇 평 무슨 아파트?"

"평수는 잘 모르고 그냥 3층 단독주택에 살아. 마당도 있고 다락방

계단 가운데에 책장을 만들어서
아이들이 오가며 쉽게 책을 볼 수 있게 했다.

도 있어. 한세가 너무 부러워. 우리도 마당 있는 단독주택으로 이사
가면 안 돼요?"

"돈이 어디 있니? 잠깐, 남의 집에 놀러갈 땐 미리 얘기를 하고 가
는 거야. 한세 엄마에게 미안하다고 전화해야겠다."

아이들이 돌아간 얼마 뒤 아들 친구 엄마에게서 전화가 왔다.

"네 한세 엄마! 죄송해요. 아이들이 버릇이 없어서 오늘 신세 많이
졌어요. 언제 한번 저희 집에도 놀러오세요. 근데 집이 그렇게 좋다면
서요? 우리 애가 입만 열면 한세네 집 얘기예요. 마당에, 3층 단독주
택에…… 한세 엄마는 좋겠다 부자라서. 저도 집 구경 좀 시켜주세요."

"아, 네. 집이 작아요. 부자도 아니고요. 한번 놀러오세요."

'친구들에게 땅콩집 설명해주기' 약속은 본의 아니게 지키지 못했
지만 아이들이 노는 모습을 투명인간처럼 지켜보는 것만으로도 흐뭇
했다.

아들의 별명은 지금도 변함없이 땅콩이다. 바뀐 것이 있다면, 아
들은 이제 땅콩이라는 별명을 자랑스러워하고 친구들은 부러워한다
는 것이다.

아이들의 웃음소리
아빠의 미소

　　　　　　　　어느 집이 좋은 집인가? 어느 집이 행복한 집인가? 집의 모양? 집의 크기? 집의 방향, 전망, 무엇이 좋은 집의 척도인가? 이런 질문을 자녀들에게 한번 해보자. 이 부분은 가족이 살 집을 결정하는 데 있어서 아주 중요하다. 집을 선택할 때 대부분이 배우자, 부모님, 주변의 친구, 선후배들과 상담을 한다. 아이들의 의견은 완전히 배제된다. 아이를 많이 생각해서 결정한다고 하시는 분들도 학군이나 학원 등 교육환경만 생각하지 아이들이 집을 어떻게 생각하는지에는 별 관심이 없다. 아이를 위한 교육에는 엄청난 투자를 하고 지대한 관심을 보이지만 정작 우리 아이에게 맞는 집이 어떤 집인지에 대해 생각하는 사람은 그리 많지 않다. 다른 관점으로 보면 상당히 이기적인 부모인 것이다. 편안한 아파트에서 사는 것이 누구를 위한

것인지는 잘 모르겠다.

아이들 대부분은 아파트를 좋아하지 않는다. 나는 어린시절, 내가 좋아하는 집에서 좋아하는 놀이를 하면서 자랐다. 공부에는 별로 관심이 없어 신나게 뛰어놀았던 기억밖에 없다. 지금 생각해보면 좋은 추억을 많이 만들어주신 아버지 덕분에 내 인생이 풍요로워진 게 아닌가 싶다.

어른들이 생각하는 집과 아이들이 생각하는 집은 다르다. 아이에게 집이 뭐냐고 물어보면 아이는 그저 씨익 웃는다. 그게 바로 정답이다.

집이란, 가족이 웃을 수 있는 곳. 가족의 행복의 척도는 바로 아이들의 웃음소리다.

단독주택에 사는 가장 큰 이유는 아이들 웃음소리 때문이다. 아이가 느끼는 감성은 어른과 엄청난 차이가 난다. 날씨 좋은 봄날 어떤 집의 마당을 지켜보면 그 집 아이의 나이대를 짐작할 수 있다. 중학생 이상의 아이들은 이미 자아가 확립이 돼 집 안에서 노는 일이 많아지지만 초등학생, 유치원생은 항상 마당에서 사계절을 즐긴다. 걸을 수 있는 나이의 아이라면 무조건 밖에 나가 물놀이, 모래놀이를 하고 싶어한다. 마당에서 들리는 아이의 웃음소리는 집 안으로도 이어져 집도 마당의 일부가 된다. 어른들은 마당을 집의 일부로 생각하지만 아이들의 웃음소리를 쫓아가보면 오히려 집은 마당놀이의 연장선상에 있는 것이다. 마당에서 마음껏 뛰놀던 아이의 웃음소리를 따라 집 안으로 모래, 물, 나뭇잎, 나비, 잠자리, 개미, 심지어 뱀까지 들어간다.

아침이면 마당은 까치를 비롯한 각종 새들의 세상이 된다. 까치 소

리에 아이들은 달려나가고 마당의 개구리와 뱀은 아이들의 친구가
된다.

어느 날 아들 때문에 아내가 119안전센터에 신고한 적이 있었다.

"엄마, 뱀이야!"

아내는 뱀이 무서워 집 안에서 나오지도 못하고 창문으로 빨리 들
어오라고 아이들에게 손짓을 했다.

아내는 119에 전화를 하고 아이들은 엄마의 노랗게 질린 얼굴을 보
고 묻는다.

"엄마 어디 아파?"

5분 뒤 119 대원이 마당에 출동했지만 뱀은 벌써 사라지고 없었다.

"가끔 뒷산에서 뱀이 내려와요. 이 집 마당에 잔디가 너무 자랐어
요. 뱀 나오게 생겼네."

119 대원은 이 말을 남기고 돌아갔다. 그날 저녁, 나는 퇴근하자마
자 잔디를 깎았다. 아이들은 뱀이 나왔다고 잔뜩 신이 나 있는데 아
내는 뱀 때문에 하루 종일 집 안에서 나오질 못했다니 자꾸 웃음이 났
다. 아이들에게 추억을 만들어주고 싶어 땅콩집으로 이사왔는데 아
이들이 나에게 추억을 만들어주니 일주일 내내 내 입가에서는 미소가
사라지질 않는다.

캐리비언베이보다
좋아

　　　　　　　캐리비언베이보다 재미있는 곳은 바로 우리 집
마당이다. 여름 마당은 아이들의 천국이다. 휴일 아침이면 마당에서
들리는 아이들 웃음소리에 잠을 깬다. 누워서 가만히 웃음소리를 들
어보면 우리 아이들 소리만 들리는 게 아니다. 안방 창문을 열고 발코
니에 나와 확인해보니 옆집 재모와 동네 아이들도 어젯밤 중단한 놀
이를 마저 하느라 정신이 없다.

　"아침에 일찍 일어나면 책 한 권 읽는 거야."

　아빠의 말은 소용이 없다. 안 들리는 건지, 들려도 못 들은 척하는
건지 아이들 웃음소리에 내 목소리는 곧 묻혀 버린다. 아이들이 저리
재미있어하니 오후에는 미니풀에 바람을 넣어 물놀이를 하게 해줄 생
각에 책 읽기는 까맣게 잊어버린다.

점심을 먹고 창고에서 물놀이 장비들을 꺼내 마당에 세팅을 시작했다. 물놀이 기구는 캠핑장을 다니며 사모았던 것들인데 작은 놀이동산을 만들 정도로 많았다. 꽤 커다란 미니풀에 바람을 넣는 일은 생각보다 힘들었다. 펌프질하는 나를 보고 있던 아들은 재미있어 보였는지 자기가 해보겠다고 나섰다.

옳지 잘 걸렸다.

"그래? 이거 무지 재미있어. 한번 해봐."

옆집 재모도 줄을 선다. 막내도 덩달아 줄을 선다. 이거 봐라? 마치 〈톰 소여의 모험〉에서 동네 아이들이 담장에 페인트칠을 하려고 줄서 있는 장면 같았다. 누가 시키지도 않았는데 서로 해보겠다고 줄을 선 아이들의 모습이 너무 귀여웠다. 이 풍경 너무 재미있다. 동네 아이들 죄다 불러서 한 번씩 해보라고 할까? 그런데 펌프질 놀이는 결국 20분 만에 끝이 났다. 오래 하지도 못하고 우리 아들만 빼고 모두 지쳐 쓰러졌다.

미니풀 하나로도 하루 종일 지치지 않고 잘도 노니 아이들은 참 신기하고 재미있다. 동네 아이들도 하나둘씩 나타나 물놀이를 하고 간다. 물놀이가 마당으로 이어지고 마당을 벗어나서 옆집까지 이어진다. 물총놀이는 어른까지 이어져서 총알만 없지 흡사 전쟁터로 변했다. 오후 4시 동서네가 놀러와 오늘의 마당놀이에 합류했다. 얘기하지 않았는데도 조카들은 집에서 물총과 수영복을, 어른들은 삼겹살에 와인을 챙겨왔다. 동서네 식구들은 우리 집을 캠핑장으로 생각하고 놀러온 것이다. 아이들은 물놀이에 정신이 없고 어른들은 숯불에 삼겹

어느 캠핑장보다도 좋은 우리 집 전용 마당 캠핑장.
텐트를 치든 물놀이를 하든 마음대로 할 수 있다.

살 파티를 벌인다. 캠핑장에 가면 볼 수 있는 모습, 지글지글 숯불에 구워진 삼겹살에 와인 한 잔이라니 천국이 따로 없다. 마당은 금세 어른들의 놀이터로 변했다. 갑자기 윗동서인 동시에 고등학교 동창 친구가 마당의 길이를 물었다.

"마당이 몇 미터야?"

"한 1.2미터? 폭은 7미터쯤. 그건 왜?"

"그 정도면 충분하겠다. 차 트렁크에 텐트 실어왔거든. 텐트 칠까?"

황당한 친구의 질문에 우리는 웃음을 참을 수가 없었다. 같이 웃고, 와인 한 잔이 두 잔으로, 한 병이 두 병으로, 결국 마당에 텐트는 치지 않았지만 동서네 식구들은 다락방에서 하룻밤 묵고 갔다.

캠핑장 필요없어, 캐리비언베이보다 미니풀이 좋아!

미니풀 하나의 힘으로 마당은 캠핑장으로, 우리 집은 펜션으로 탈바꿈해 두 가족은 행복한 여름을 보냈다.

에어컨
필요없어!

8월 5일. 날짜도 생생하게 기억이 난다. 에어컨이 있는 회사에서 일하는데도 땀이 날 정도로 더운 날이었다. 하루 중 가장 더운 오후 2시, 갑자기 아내에게서 전화가 왔다.

"여보, 30도 넘었어. 인증 샷 보낼게 빨리 에어컨 사줘. 드디어 옆집도 가동했어. 내가 이겼지? 땅콩집 끝났어. 빨리 에어컨 사줘."

드디어 올 것이 온 것이다. 작년 8월 말에 입주하고 본격적인 여름을 처음 맞는 땅콩집의 1층 실내온도가 드디어 30도를 넘었다. 다락방은 무려 32도란다. 동네가 시원해서 저녁에는 선풍기만으로도 버틸 수 있지만 낮에는 소용이 없다. 특히 아내와 아이들이 더위를 많이 타는데 아내가 이번 여름이 걱정되는지 봄부터 에어컨 설치를 주장했다. 그때마다 실내온도 30도가 되거나 옆집이 에어컨을 사용하면 그때 생각해보자고 미루고 있었다. 7월이 지나고 잘 버티나 싶더니 8월이 되자 결국 덥고 습한 여름 날씨에 땅콩집은 무릎을 꿇었다. 에어컨이 필요없다고 홍보한 나로서는 이 부분만은 지키고 싶었는데 아내는 온도계 사진을 찍어 핸드폰으로 전송하면서 자랑하듯이 말했다.

"땅콩집도 어쩔 수 없어. 에어컨 사달라고요! 땅콩집도 에어컨이 있어야 해."

에어컨을 사서 집에 다는 게 목적이 아니라 기자들을 불러 이번 결과를 기자회견하고 신문에 공포하려는 분위기다.

"땅콩집은 실패입니다. 결국 한계를 극복하지 못하고 무너졌습니다. 다락방은 실내온도가 32도로 너무 뜨거워서 아이들이 도저히 올라갈 수가 없을 지경입니다. 국민과 땅콩집을 사랑하는 팬 여러분들에게 거짓말을 한 것에 깊은 사과의 말씀을 드립니다. 땅콩집은 이제 끝났습니다. 그동안 여러분의 호응과 성원에 감사드리며 각자의 길을 가시기를 바라는 바입니다. 여러 아파트 건설사분들에게 깊은 심려를 끼친 점에 대해 자숙하며 앞으로 조용히 살겠습니다."

아내의 전화를 받은 후 나는 숫자가 중요한 게 아니라고 설명했다. 30도는 의미가 없다. 체감온도가 견딜 만한가를 봐야 한다. 30도를 넘었다 해도 10일 정도는 참을 수 있다. 여름에는 사람이 땀을 흘리는 게 자연스러운 현상이지 않나. 에어컨이 정답은 아니라고 설득을 해보지만 아내의 반응은 더 격해졌다. 아내는 '10일이 아니다, 이제 본격적인 무더위가 시작됐다, 못 견딘다, 에어컨이 필요하다, 빨리 에어컨 사줘, 내가 지금 당장 주문하겠다.'고 난리다. 내일은 토요일이고 오늘보다 더 더우니 실험 후 검토해서 결정하자고 겨우 설득해 내일을 기약했다. 사실 아내가 가장 싫어하는 단어가 '실험과 검토' 다. 저녁식사 시간에 적어도 한 번은 이 말이 꼭 나온다.

"누가 실용주의 건축가 아니라고 맨날 실험하고 검토하고, 당신이 과학자야?"

아이들도 아내의 말에 동의하는지 맞장구를 쳤다.

"아빠는 과학자 맞아. 책에서 봤어. 과학자는 매일 실험하고 글 써."

다음 날 아침에 층마다 온도계를 설치하고 한 시간 간격으로 온도를 체크하며 기록했다. 아직까지는 28도. 괜찮다고 벽을 쓰다듬으면서 마치 경마장에 나온 기수와 말처럼 '오늘 잘 부탁한다.', '오늘만 잘 견디면 내가 상 줄게.' 라는 당부와 격려까지 했다.

드디어 오후 1시. 실내온도 검토 중. 아침 28도로 시작해서 12시부터 29도까지 오르고 1시가 넘으면서 결국 30도를 기록했다. 책상 위 노트북이 뜨겁지만 내 옆에 선풍기가 있어 행복하고 머그잔에 아이스 커피 한 잔이 있어 행복하다.

"아, 시원하다. 낙원이 따로 없네. 여보, 견딜 만한데? 약속을 변경해서 31도로 하면 안 되나? 아님 너무 더우면 백화점에 가 있으면 안 될까?"

밤이 되자 실내온도가 다시 28도로 떨어지며 견딜 만한 상태로 돌아왔다. 그래 땅콩집아, 오늘 힘든 하루였지? 수고했어. 그래도 네가 자랑스럽다.

다음 날도 실험은 역시나 어제처럼 실패로 돌아갔다. 이후 낮 실내

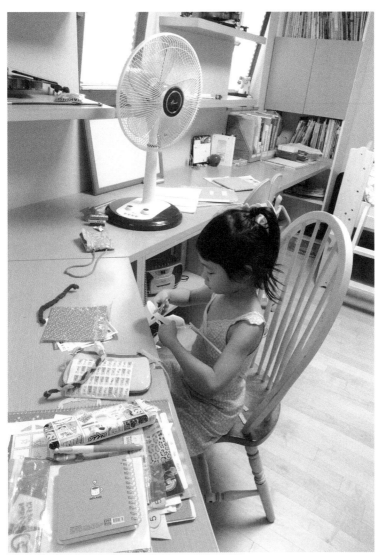

에어컨 없이 선풍기로 여름을 난 딸아이.

온도가 30도가 넘는 날이 10일을 넘겨 15일 정도 지속되었다. 아내와 아이들은 더위에 힘들어했다. 하지만 즐거운 여름은 금방 지나갔다. 30도가 넘는 날, 땀은 흘렸지만 아이들은 불평하지 않았다.

그럼 지금은 집에 에어컨이 있냐고? 답은 "아직 없어요."이다. 아이들은 너무 더운 한낮을 피하고 온도가 조금 내려간 나머지 시간에 다락방에 올라가 선풍기 밑에서 책을 읽으며 엄마 아빠 놀이를 한다. 그리고 한낮에는 마당에 나가거나, 더 넓은 동네 골목길에서 얼굴이 빨개지도록 열심히 땀을 흘리면서 논다. 에어컨 없는 땅콩집은 이렇게 건강하게 땀을 흘리며 여름을 나게 해주는 고마운 집이다.

우리 아이
국어 점수

아이가 둘밖에 없는데도 우리 집엔 하루도 바람 잘 날이 없다. 둘이 놀다 울기도 하고 웃기도 하고, 동네 친구들과 하루 종일 놀다가 갑자기 울면서 집에 들어오기도 한다. 퇴근해서 집에 가면 매일매일 다양한 해프닝이 있어 즐겁다. 가족이 식탁에 둘러앉아 저녁을 먹을 때 대화는 항상 이 말로 시작된다.

"오늘은 또 무슨 일이 있었지?"

아내와 아이들의 표정을 둘러보니 분위기가 심상치 않다.

예쁜 딸은 늘 그렇듯 싱글벙글이지만 아들은 썩소를 날리고 있고, 아내의 얼굴은 상기된 표정이다.

"당신 아들 성적표 부모님 확인란에 사인하세요. 우리 아들이 얼마나 시험을 잘 봤는지."

아들이 부끄러운 얼굴로 성적표를 슬쩍 내민다. 성적표를 자세히 보니 국어 점수 62점. 아내의 얼굴을 살피니 못마땅한 눈치다. 초등학교 시절 나의 국어 성적은 수, 우, 미, 양, 가 중 '미'였다. 62점이면 '양'에 해당된다. 체육이나 미술은 '수'를 받았지만 국어나 수학은 '미'를 벗어나본 적이 없었다. 영어는 말하고 싶지 않을 정도로 형편없었다.

5년 전 초등학교 친구들 모임에 나갔을 때 친구 한 명이 내 일기장을 나에게 건네주었다. 내 일기장이 왜 그 친구 집에 있었는지는 모르지만 일기장 표지에 분명한 나의 필체로 '6학년 1반 35번 이현욱'이라고 적혀 있었다. 친구는 한 대목을 읽어주었다. 일기 내용이 너무 궁금해서 한 부분을 몰래 살짝 읽었다가 웃겨서 쓰러졌다고 한다. 다들 빨리 읽어보라고 난리였다. 모임의 분위기가 이 일기를 꼭 읽어야 하는 분위기로 되고 말아서 친구는 나의 동의 없이 일기장을 읽기 시작했다.

1982년 10월 15일 날씨 아침에 맑았다 오후부터 비

나는 오늘 학교에 갔다. 비도 오고 놀이터에 아이들이 없다. 오늘은 구슬치기를 해서 어제 잃었던 왕구슬을 따야 하는데 하늘이 나를 돕지 않는다. 한 시간을 기다려도 아이들이 없다. 할 수 없지. 집에 와서 영어 공부를 하기로 했다. 내년에는 중학교도 들어가고 오늘부터라도 영어 공부를 시작한다. 나는 드디어 하루 만에 알파벳을 A부터 Z까지 쓸 줄 안다. 하루 만에 다 배웠다. 뭐 이렇게 쉬워. 난 천재인 것 같다.

A B C D E F G H I J K L M N O P Q R S T U V W X Y Z

엄마의 심부름으로 슈퍼에 참기름 사러 가다 버스 정류장에서 정류장 간판에 영어로 버스라고 쓰여 있는 걸 읽고 혼자 자랑스럽게 생각했다. 정류장에 버스를 기다리는 사람들에게 나의 영어 실력을 자랑할 수도 없고 아쉽지만 이 밤에 일기장에 버스를 영어로 쓰도록 하겠다. 이제 난 버스도 영어로 쓸 줄 안다. B. A. S.

친구가 BAS를 읽으면서 쓰러졌다. 몇몇 친구들은 못 들었는지 옆에서 쓰러져 깔깔거리는 친구를 일으켜 세우면서 뭐라고 했는지 묻고 야단법석이다. 초등학교 6학년에 알파벳을 배우고 자신이 천재라며 버스를 BAS로 쓴 것에 난 얼굴이 빨개졌다. 어디 쥐구멍이라도 있으면 들어가고 싶은 심정이었다. 그랬던 내가 아들에게 공부를 잘해야 한다고 얘기할 수 있을까?

"반에서 중간이면 잘한 거다. 초등학생이 잘해봤자 50보, 100보다. 역시 아빠를 닮아 중간 정도면 잘하는 거야. 잘했어!"

성적표에 사인란을 찾다보니 62점 옆에 95점이라는 숫자가 눈에 들어왔다.

"와 우리 아들 이건 잘했다. 수학인가? 대단해. 95점이면 일등 아닌가?"

아들의 얼굴이 다시 일그러졌다.

"아빠, 그건 반평균이야. 그래도 나 꼴등은 아니야. 뒤에 두 명 더 있어."

반평균이 95점이라니. 100점인 친구들이 많다는 거다. 선행학습을

한 친구들은 시험 때 거의 아는 문제를 푸는 것이다. 그렇지 않고서는 이 점수가 나올 수 없다. 우리 아들의 경우 그냥 평소 실력으로 시험을 보니 문제들이 생소했을 것이다. 우리 아들 실력이 정상인 건데 지금 분위기는 아들을 거의 죄인 취급이다.

아내한테 우리 아이가 정상이라고 설득을 해보지만 소용이 없다. 적어도 반평균은 나와야 한다며 아들을 잡을 기세였다.

아내는 이내 결심을 한 모양이다. 반에서 중간은 가야 한다며 내일부터 열공에 들어간다고 엄포를 놓는 게 아닌가.

'우리 아들, 이제 죽었구나.'

신나게 놀다가 책상에만 앉으면 언제 그랬냐는 듯이 총기가 사라지고 고개를 흔들며 꾸벅꾸벅 조는 아이가 과연 이 과정을 견딜 수 있을까?

한세야! 힘내라. 내가 할 수 있는 얘기는 이것뿐이다. 한 달하고 엄마가 포기하기를 기도하자.

그 후 아들과 엄마의 전쟁은 매일 밤 11시까지 이어졌다. 아내의 비명소리에 아들은 주눅이 들고 자꾸 의기소침해지며 가끔 울기까지 했다. 딸아이도 덩달아 오빠 옆에서 공부를 한다. 갑자기 우리 집이 독서실로 변한 것 같다. 나도 텔레비전 소리가 2층으로 안 올라가게 조용히 본다.

한 달이 지난 주말 오후, 역시나 1층 식탁에서 아내와 아들은 공부하느라 머리를 맞대고 씨름 중이다. 아들의 눈 밑에는 시커멓게 다크서클이 생기고 머리가 아픈지 손으로 머리를 싸매고 있다. 가르치는 선생 노릇을 하는 아내도 마찬가지로 엄청난 스트레스를 받아 몸살감기에 쓰러지기 일보 직전이다. 누구를 위한 공부인지 모르지만 반평균만 되자라는 신념으로 아내와 아들은 오늘도 공부에 전념한다. 오후 2시쯤 되었을까? 앞집에 사는 아들 친구 한 명이 마당을 통해 거실 발코니 앞에 서서 부른다.

"한세야, 놀자!"

아들은 구세주를 만난 것 같은 얼굴로 친구와 엄마 얼굴을 번갈아 쳐다보지만 아내는 귀찮다는 듯 말한다.

"한세 지금 공부 중이거든! 30분이면 끝나니깐 그때 와서 같이 놀아요!"

"네, 알겠습니다."

친구 세은이는 이렇게 대답하고 그냥 그 자리에 서 있었다. 마치 30분을 그대로 서서 기다릴 모양이다. 5분이 지나자 가만히 서 있는 게 지루했는지 세은이는 마당에 굴러다니는 물총을 잡아 혼자 놀기 시작했다. 아내는 그래도 할 건 해야 한다는 의지로 아들의 공부에 집중했다. 그렇지만 아들의 머릿속엔 온통 친구와 물총놀이를 하고 싶은 생각뿐이다. 아내는 안 되겠다 싶은지 아들을 데리고 2층 아들 방으로 올라갔다. 마당이 눈에 보이지 않는 곳으로, 공부에 집중할 수 있는 곳으로 피신을 하지만 이것도 오래가지 못했다. 10분 후, 또 다른 친구 한 명이 자전거를 타고 집 주위를 배회했다.

"한세야, 놀자!"

친구가 부르는 소리는 당연히 2층 아들 방까지 들렸다.

"우현이다! 우현이가 나를 찾아, 엄마. 먼저 놀고 와서 밤에 공부하면 안 될까? 11시까지 할 거잖아. 엄마, 1시간만 놀다 들어올게. 마당에 세은이도 기다리잖아."

벌써 아들의 마음이 콩밭에 가 있는 걸 아내도 잘 알고 있다. 공부는 이미 불가능한 상태. 아들의 머리를 한 대 콩 때리며 말했다.

"1시간만 놀다 들어와야 해? 약속 꼭 지켜. 엄마가 시간 잴 거야."

말이 떨어지자마자 아들은 아내와 나의 시야에서 쏜살같이 사라졌다. 집에서 최대한 빨리 멀리, 현관에서 친구들과 떠드는 소리는 도망가듯 점점 멀어져갔다.

아내는 삐쭉 튀어나온 입으로 말을 꺼냈다.

"아파트는 조용해서 완전 공부할 분위기인데 단독주택은 방해요소가 너무 많아 공부를 시킬 수가 없어."

맞는 말이었다. 아파트는 발코니에 친구가 찾아와서 놀자고 할 수도 없고 자전거를 타고 '친구야 놀자.' 라고 불러도 전혀 들리지 않는다. 아니 부르는 친구도 없다. 아이 핸드폰만 압수하면 세상과 단절된다. 누구나 공부의 신이 될 수 있다.

1시간만 놀고 오겠다던 한세는 해가 져서야 집에 들어왔다. 엄마의 호통을 두려워하면서도 고개 숙인 아이의 얼굴에는 웃음이 배어 있었다.

"도대체 지금 몇 시니! 밥은 먹었어? 어두워져서야 들어오는 게 말이 돼? 네가 유치원생이야?"

아들은 최대한 침착한 목소리로 대답했다.

"우현이네 집에서 먹었어."

아내는 이 말에 더 화를 내며 소리쳤다.

"빨리 화장실에 들어가서 씻고 공부 준비해!"

동네 사람들이 다 들었을 정도로 큰소리가 났다. 나도 그 소리에 자리에서 벌떡 일어나 보고 있던 TV를 끄고 다락방으로 올라가 조용히 책을 읽을 정도로 살벌했다. 공부 준비를 해야 하는 분위기 조성에는 성공이다. 딸 은세도 죄인이 된 양 내 옆에 앉아 같이 조용히 책을 읽는다.

1시간쯤 지났을까? 아내는 아들 방에서 나왔고 역시나 아들은 책상에 쓰러져 잠이 들었다. 그동안 친구들과 못 놀았던 시간을 다 놀고 온 것 같은 행복한 표정을 하고 공책에 침을 흘리며 자고 있다. 그래, 피곤할 거다.

과연 아내는 성공을 했을까? 다음 달 아들은 국어 시험에서 95점을 받았다. 우리 부부는 하면 된다는 모습을 보여준 것으로 만족했다. 점수가 중요한 게 아니라 이 미친 짓을 계속해야 한다는 사실이 너무 끔찍했다. 아내도 아이도 못 할 짓이라고 결론을 내렸다. 역시나 다음 시험에 아들 점수는 다시 70점으로 내려갔지만 우리는 행복했다. 그리고 상상을 한다. 반평균이 62점이면 모두가 행복할 텐데……

옆집 모모는
행복할까?

아이들은 대개 동물을 좋아한다. 아파트에서는 동물을 키울 수 없지만 마당이 있는 단독주택은 다르다. 당연히 우리 아이들도 강아지를 사달라고 날마다 조른다. 아파트가 아니니 동물을 키울 수 없다는 핑계도 댈 수 없어 조용한 동물을 키우기로 아이들과 합의했다. 거북이, 금붕어, 사슴벌레, 햄스터. 차라리 강아지 한 마리로 끝날 일을 더 많은 종류의 동물들을 키우게 됐다. 지금은 다른 동물들은 다 죽고 거북이 한 마리와 금붕어 한 마리만 살아남았다. 햄스터는 원인 불명으로 죽었고 사슴벌레와 금붕어도 역시 죽은 원인을 알 수가 없었다. 그동안 키우다 죽은 동물들은 우리 집 앞마당에 묻어주었다. 그리고 나름대로 장례식도 치르고 비석도 만들어 주고 좋은 곳으로 가라고, 잘 돌봐주지 못해서 미안하다며 진심으로 기도도 했

자기가 사람인 줄 아는 옆집 강아지 모모.

다. 그러나 강아지와 고양이는 키우다 죽으면 앞마당에 묻기가 곤란하다. 아내와 나는 강아지나 고양이 같은 동물을 키울 자신이 없었다. 생각보다 돈도 많이 들어가는 동물 키우기가 엄두가 나지 않았다. 그래서 생각한 방법은 옆집이 강아지를 키우게 하는 것이다. 옆집 재모를 잘 꼬드겨서 아빠더러 강아지를 사달라고 조르게 만드는 것이다. 만약에 강아지를 키우게 되면 우리 아이들을 옆집으로 보내면 되니까. 옆집과 식사를 같이 할 때마다 아이들에게 강아지가 정서적으로 얼마나 중요한지 이야기를 자주 하기로! 그리고 결정적으로 아내가 강아지 알레르기가 있다며 핑계를 댈 생각이었다.

주말, 마당에서 옆집과 삼겹살 파티를 하며 어느덧 강아지가 대화의 주제가 되었다.

"강아지가 아이들 정서에 그렇게 좋다는데 어떻게 생각해?"

"응. 안 그래도 강아지 한 마리 사기로 했어."

'강아지 유치작전'은 너무 쉽게 성공을 했다. 옆집 강아지는 땅콩집에 온 지 벌써 3년이 된다. 이름은 모모. 옆집 아들 재모의 이름을 따서 모모라고 부른다. 우리 아이들이 옆집에 놀러가는 것을 좋아하는 이유는 재모 형이 있어서이기도 하지만 모모 때문이기도 하다. 세 살이지만 크기는 다 자라 성인이 된 모모. 목줄을 달고 동네에 산책을 하면 다들 양이냐고 물어본다. 마치 양처럼 생긴 베들링턴테리어. 동네에서 자기보다 작은 치와와가 짖으면 무서워서 도망간다. 태어나자마자 같이 살아서 그런지 모모는 자신이 사람인 줄 알고 있는 것 같다.

모모가 우리 집에 놀러오면 옆집과 구조가 똑같아 2층 화장실도 잘

옆집과 같이 찍은 가족사진.

찾는다. 모모는 우리 집 식구들을 다 좋아하는데 이상하게 나만 보면 짖는다. 개들은 절대 쓸데없이 짖지 않는다고 하던데, 나를 보고 짖는 이유를 찾아서 짖지 않는 환경을 만들어줘야겠다고 생각했다.

"모모야! 우리 사이좋게 지내자. 악수! 집 마음에 들어? 아저씨가 설계한 집이야. 땅콩집이라고, 생각보다 좋아. 가끔 헷갈릴 수도 있지만 편하게 네 집이라고 생각해."

모모는 알아듣는 눈치인지 내 손에 앞발을 얹고 고개를 끄덕인다.

"네. 저 행복해요. 마당에서 뛰어노는 게 가장 재미있어요. 그리고 지난번에 상추밭 망가뜨린 거 죄송해요. 마당에 오랜만에 나가서 너무 기쁜 나머지 상추를 못 봤어요. 용서해주시는 거죠?"

"그럼, 아저씨가 너무 바빠 상추농사 망친 거야. 상관없어. 너 먹으라고 심은 거라고 생각해."

"그리고 제가 살아보니 이 집에 불편한 점이 있어요."

땅콩집에 사는 사람들은 불편함이 없다고 생각하고 행복하게 사는데 강아지 모모는 아닌가 보다.

"그래 말해봐! 아저씨는 모든 사람들과 얘기하기를 좋아해. 아니, 동물과 얘기하는 것도 좋아해. 장단점을 검토해서 다음 땅콩집 설계할 때 반영할게."

"땅콩집이 불편한 게 아니고요. 저, 독립하고 싶어요. 이제 집에서 독립할 나이입니다. 마당에 제 집을 지어주세요. 아주 예쁘고 작은 내 집이 필요해요. 그리고 테라스를 넓게 해주세요. 집 앞 테라스에서 햇볕을 받으며 낮잠을 즐기고 싶어요."

"아저씨가 양지바른 곳에 집 지어줄게. 나를 보면 그만 짖고 우리 사이좋게 지내자!"

옆집 친구에게 개집을 제안했지만 친구는 모모가 이 집을 자기 집으로 여길 뿐만 아니라, 자신이 둘째 아들인 줄 안다고 했다. 집에서 자란 개는 나름대로 서열을 정해서 행동을 한다는데 모모에게는 첫 번째로 자기랑 아내가 서열 1위, 2위. 그 다음으로 나의 아내. 그 다음 4위가 재모, 5위는 우리 첫째 한세. 그다음 모모가 서열 6위. 우리 딸과 나는 모모 밑인 서열 7, 8번이다. 그중에서 나는 서열 꼴찌이므로 나를 보면 짖는다는 것이다. 모모가 날 보며 짖을 땐 마치 "내 밑으로 무릎 꿇어." 라고 말하는 것 같다. 가만 보니 우리 딸에게는 가끔 짖고 나에게는 항상 짖는다.

친하게 지내보려고 노력을 해도 서열이 굳어지면 쉽게 바뀌지 않는다고는 하지만 마당에 몰래 개집이라도 지어주고 반전을 노려볼까? 혹시 알아, 그 집이 좋아 그 집에 살게 되고 '이 집에 살아서 행복해요!' 라며 나를 따르지는 않을까 엉뚱한 생각을 해본다.

텃밭
가꾸기

아파트에 살 때는 캠핑장을 가끔 이용했지만 지금은 마당에서 바비큐 파티를 한다. 주말이면 옆집 친구가 알아서 삼겹살과 와인을 들고 놀러온다. 나머지를 우리가 준비하면 마당에서의 바비큐 만찬은 준비 완료. 이 만찬의 필수 아이템인 상추랑 고추는 마당 한켠에 만들어 놓은 텃밭에서 공수하면 된다. 텃밭 관리는 심기만 같이 하고 주로 아이들이 맡는데, 자라는 동안 물주기와 비료주기는 아이들의 몫이다. 상추는 참 신기하게도 잎을 따면 금방 자라고 따면 또 금방 자란다. 나중엔 주말마다 삼겹살 쌈 싸먹고도 남아서 야채샐러드용으로도 썼다. 또한 아이들 소꿉놀이에 단골재료로 사용하기도 한다. 텃밭에 함께 심은 방울토마토는 아이들이 마당에서 놀다가 목마르면 틈틈이 따먹는 즉석 자연간식이 된다. 아이들과 심은 고추와 방울토마토가 생각보다 빨리 자라 무게를 이기지 못하고 가지가 쓰러지기 시작했다.

"어쩌지? 아빠, 옆집에 보니 줄기를 지지하는 막대기를 했어. 저게 필요해. 어디서 사지?"

텃밭 만들기 초보인 우리는 옆집의 반이라도 따라가면 다행이라고 생각하고 지지대를 받쳐주기로 했다.

"아들아 걱정하지 마. 아빠는 만능 맥가이버야. 저런 기성품 막대 다 필요없어. 부엌에 가면 나무젓가락과 빨래집게 있지? 그거 가져와."

아이들은 맥가이버는 모르지만 아빠의 자신감 넘치는 얼굴을 믿고 빨래집게와 나무젓가락을 가져왔다. 가지 옆 땅에 나무젓가락을 꽂고 가지와 나무젓가락을 빨래집게로 묶어 일체형으로 만드니 아이들이 신기한 눈으로 바라보았다.

"와 아빠 최고다. 근데 방울토마토랑 고추가 더 크면 이걸로 버틸 수 있을까? 너무 약하지 않아?"

"그건 그때 생각하자."

아이들 말대로 한 달도 못 가서 나무젓가락과 빨래집게는 별 도움이 안 되었고 또다시 가지가 쓰러졌다. 텃밭은 더 이상의 기능을 상실하고 방울토마토와 고추농사는 그것으로 막을 내렸다.

대한민국의 젊은 부부들 대부분이 아파트에서 신혼살림을 시작하듯 우리도 아파트에서 시작했다. 첫째도 둘째도 아파트에서 태어났고 아파트에서 자랐다. 비록 아파트에서 아이들을 키우지만 자연과

친해지기를 바라는 마음으로 아파트 뒷산에 같이 놀러가고 동네 공원에 운동 겸 산책을 많이 다녔다. 아파트 화단에 철쭉꽃이 피어 있으면 아이에게 보여주며 꽃 이름을 설명해주곤 했지만 마음 한켠에는 뭔가 부족한 마음이 들었다. 그러던 중 층간 소음문제로 이사를 결심하게 되었다. 아기가 보행기만 타도 아래층 어머님이 올라오셔서 막내딸이 고3이니 협조 부탁한다고 신신당부를 하고 갔다. 아이가 생기면서 달라진 것 중 하나가 아기의 빨래가 많아 세탁기를 자주 돌리게 된 것이다. 아랫집을 배려해서 낮에만 세탁기를 돌리는데 결국 아래층 어머님이 또 올라오셔서 수능시험까지 6개월만 참아달라고 애절하게 부탁을 하신다. 결국 층간 소음문제로 1층으로 이사를 하게 되었다. 그리고 그동안 정말 해보고 싶었던 텃밭 만들기를 시도했다. 물론 아파트라서 조경 부분을 일부 훼손하고 텃밭을 만드는 것은 반칙이었지만 아이들에게 자연의 힘, 상추랑 고추가 땅에서 자라 우리 밥상에 올라오는 과정을 직접 보고 느끼게 해주고 싶었다. 아무것도 모르면 용감하다는 말처럼, 과감하게 화단의 잔디를 걷어내고 땅을 파고 거름을 주었다. 대학 동창 녀석은 발코니에 화분을 놓고 거기다 심으라고 했지만 아이들에게 땅에서 자라는 식물의 모습을 보여주고 싶었다. 장미나무 한 그루도 몰래 뽑아냈다. 그 자리에 치커리, 상추 씨를 뿌렸고, 고추, 방울토마토, 피망을 심었다. 드디어 방울토마토에 꽃이 피고, 치커리도 올라왔다.

잘 몰랐는데 나중에 보니 옆에 텃밭 이웃이 생겼다. 그 집 상추도 잘 자라고 있었다. 우리처럼 누군가 정원을 훼손하고 상추를 심은 것이다. 인간의 마음속에 자리잡고 있는 열망이란 마치 바이러스처럼 무서운 놈이다. 드디어 텃밭 바이러스가 전파된 것이다.

결과는? 농사 실패다. 이웃 텃밭도 상추나 고추가 자라다 더 이상 자라지 못하고 시들어버렸다. 이유가 뭘까?

회사 일을 하다 만난 조경 전문가한테 물어보니 웃는다. 아파트 조경을 훼손하면 벌금도 나온다고 했다. 그리고 왜 자랄 수 없는지를 설명해주었다. 아파트 관리소에서 단지 조경을 조경 전문가에게 위탁 관리하는데 조경은 잡초와의 전쟁으로 관리상 어쩔 수 없이 농약을 많이 사용한다고 한다. 아파트의 조경은 보는 조경일 뿐, 농사짓는 조경이 아니라는 것이다. 차라리 뒷산 평지를 찾아 텃밭을 만드는 편이 낫다고 조언했다. 그것도 모르고 농약덩어리 땅에서 아이들과 신나게 텃밭을 만들었으니······.

그 후 우리는 마당 있는 집으로 이사를 왔다. 아파트에서 못다 이룬 텃밭 가꾸기 열망을 불태우듯 열심히 텃밭을 가꾸고 매년 노하우를 습득할 것이다. 이러다 우리 집 식구들, 어쩌면 벼농사에 도전할지도 모른다.

긍정의
힘

오늘은 아이들과 함께 워터파크에 물놀이를 하러 가는 날이다. 마당에서 놀기도 하지만 1년에 한 번 정도는 아이들과 밖으로 놀러가주는 센스가 필요하다. 늦여름에 가끔 놀이공원 할인행사가 있어 오랜만에 아이들을 데리고 아침 7시부터 서둘러 출발했다. 집에서 출발할 때부터 힘든 하루가 될 것 같은 예감이 들더니 아니나 다를까 워터파크에 도착하니 문을 열지도 않았는데 사람들이 벌써부터 길게 줄을 서 있는 게 아닌가.

"우리 집 마당에서 물놀이하면 안 될까? 아빠가 피자 시켜줄게, 오늘 비 온대."

아이들을 설득해보지만 소용이 없었다. 결국 사람 구경 실컷 하자고 내 마음을 달래고 두 시간을 줄을 서서 그 유명한 캐리비언베이에 들어갔다. 아이들은 사람이 많든 적든 상관없는지 신나게 물놀이를 했다. 부모는 앉아서 쉴 자리도 없어서 힘들어했지만 아이들은 놀이 기구 타는 줄에 서서 30분을 기다리는 동안도 재미있어했다. 나는 다리 아프고 기다리는 게 힘들어 거의 울상을 하고 있는데 열 살 아들과 여섯 살 딸은 뭐가 그렇게 즐거운지 깔깔거리고 웃는다.

하루 종일 사람 구경하고, 사람에게 치여 열받아도 시간은 흘러 물놀이장에서 나왔다. 때마침 비가 내리기 시작했다. 아들은 들고 있던 구명조끼를 머리에 뒤집어썼다. 나도 따라 머리에 구명조끼를 뒤집어썼다. 그때 가방에 있는 딸의 튜브가 눈에 들어왔다. 옳지, 비도 피하고 시야도 확보할 수 있는 좋은 기구네. 그 아들에 그 아버지. 아내는 부자의 모습을 보고 그제서야 웃기 시작했다. 둘의 모습이 너무 웃기는지 사진기를 들고도 웃느라 찍지를 못한다. 아내의 그 모습이 더 웃겼다. 아들과 나는 "뭐야? 사진을 찍든지 말든지!" 핀잔을 주었다. 그 와중에 우리 딸은 나를 보고 울기 시작했다.

"그거 내 튜브야. 내 거 내놔."

"넌 모자를 쓰고 있잖아. 비가 오니 아빠 좀 쓰자. 나중에 줄게."

딸은 울고불고 난리였다. 대화불가. 우는 딸아이를 절대 이길 수 없었다. 하는 수 없이 튜브를 딸에게 돌려주니 이번에는 좋다고 난리다. 그렇게 좋을까? 차 안에서도 집에 와서도 재미있다며 머리에 튜브를 계속 쓰고 있는 모습이 나를 웃게 만들었다.

오늘 뭐가 가장 재미있었냐고 딸에게 물으니 "비올 때 머리에 튜브 쓴 거."라고 대답했다.

비오는 날 우산 대용. 튜브 하나로 세상을 다 가져라!

오늘 힘들게 캐리비언베이에는 왜 간 거야? 딸아이의 깔깔 웃는 모습, 그 웃음소리가 나를 미치게 한다.

하루 종일 울상인 아빠에게 즐거움을 주는 우리 딸, 이 맛에 아이를 키우나 보다. 나는 오늘도 아이에게 배운다. 모든 주어진 상황을 만족해하며 행복해한다. 어떤 어려움이 닥쳐도 아이들처럼 긍정적으로 살아간다면 우리는 얼마나 행복할까? 전세계 국가별 행복지수 조사에서 우리나라가 119등이라는 기사를 본 적이 있다. 우리 아이들에게 얼마나 행복하냐고 묻는다면 과연 뭐라고 할까?

아낌없이
나눠주는 나무

"마당이 없으면 좋은 집이 아니지. 가장 비싼 건 마당이야.
마당은 꼭 있어야 해.
마당이 없으면 뭐가 비싼 집이지?"
"네 말이 맞아. 다른 건 또 없어? 두 번째로 중요한 거?"
두 번째 질문에도 딸아이는 생각도 하지 않고 단번에 대답을 한다.
"옆집 재모 오빠가 있어야 해."

우리 동네 이름은
푸르지오

요즘은 남자의 시대가 가고 여자들의 전성시대다. 아빠는 돈 버는 사람으로 전락한 지 오래고 아내는 물론 아이들에게도 대접을 받기 어려워졌다. 친구랑 술 한잔을 먹으면서 안주로 삼는 얘기는 주로 남자의 권리찾기다. 한참을 얘기해봐도 답은 없다. 그냥 조용히 집에서 지내는 게 고작이다. 친구는 천안함 사태에 대해 초등학교 6학년 딸과 대화한 내용을 얘기하면서 어떻게 생각하냐며 고민했는데, 둘의 대화는 이러했다.

"아빠, 북한과 전쟁이 일어나면 우리 피난가야 해?"
"아니, 다 죽는 거지, 피해봤자 전국이 미사일 사정권이라 갈 데가 없어."
"그래? 그럼 죽을 확률이 높네."

"그럼, 전쟁이 나지 말아야지. 걱정 마. 그렇게 쉽게 전쟁이 나지 않아."

"그래도 혹시 모르잖아. 아빠 죽으면 내 학원비는 누가 벌어? 내 용돈은? 돈 벌 사람이 없잖아. 그래서 금값이 오르는구나. 우리도 금 사서 뒷산에 묻자. 위치를 우리 가족이 다 알면 전쟁이 나도 산 사람은 나중에 그 금 팔아서 살 수 있잖아. 어때?"

"음. 엄마더러 금 사서 뒷산에 묻으라고 해."

과연 남자는 아빠로서가 아닌 돈 버는 기계로 끝나는 것인가? 이 시대에 맞는 남자상이 이런 건가? 나는 동의할 수 없다. 우리 집에서 나는 영웅이 되기 쉽다. 이 한마디면 끝이다.

"내일 아빠가 갯벌 쏜다."

"와, 아빠 내일 진짜 가는 거지?"

"그럼, 내일 인천 앞바다로 출발."

아이들은 갯벌놀이를 좋아한다. 갯벌에서 조개도 줍고 게도 잡는다. 비싼 회도 필요없다. 칼국수 한 그릇씩 먹으면 된다. 물론 기름값은 들지만 하루 일정으로 그만한 곳이 없다. 그리고 한 곳만 계속 가면 금방 싫증을 내므로 장소를 바꿔 놀러가는 게 좋다. 아이가 어릴수록 많은 시간을 함께하는 게 좋다. 돈이 문제가 아니고 그냥 함께 시간을 보내면 아이들은 무조건 좋아한다.

남자는 가족을 위해서 열심히 돈을 번다고 생각하지만 이런 생각 때문에 돈 버는 기계로 끝나고 마는 것일 수도 있다. 어린 자녀들과 같이 노는 시간이 줄어들면 아빠의 자리는 더욱 좁아진다. 아빠가 얼

마나 열심히 가족들을 위해 힘들게 일하고 있는지 아이도 잘 알고 있다. 하지만 피를 나눈 가족이라도 눈에 보이지 않으면 멀어질 수밖에 없다. 집에서 가족과 함께 많은 시간을 보내기에는 아파트보다 마당 있는 집이 좋다. 마당에서의 놀이는 무궁무진해서 좋고 특히 돈이 안 드는 놀이를 하기에는 마당이 최고다.

아침부터 아이들의 성화에 우리 가족은 을왕리 해수욕장으로 출발했다. 일요일이라 차도 막히고 집에서 쉬고 싶은 심정으로 다음 달에 가자고 회유를 해보았다.

"집 마당에서 모래놀이하면 안 될까?"

그러나 별 소용이 없었다. 아내가 아이들을 부추겨 마당과 바다는 다르다며 더 성화였다. 할 수 없이 1시간의 갯벌체험을 위해서 왕복 3시간을 투자해서 해수욕장에 도착했다. 벌써 많은 사람들이 갯벌에서 조개를 줍고 있었다. 식구들은 소라도 잡고 게도 잡아야겠다며 기대에 부풀었다. 오는 길에 커피숍에서 산 냉커피 잔엔 어느새 커피 대신 소라와 조개가 가득했다. 아이들은 바닷가에 놀러 나온 또래의 아이들과 오래 사귄 친구처럼 금방 친구가 되어 놀았다. 무슨 얘기를 하는지 아이들은 마냥 행복해 보였다. 노는 아이들을 바라보니 놀다가 배를 잡고 갯벌에서 구를 판이다.

"너 몇 학년이야?"

"3학년."

"그래? 나도 3학년이야. 와 친구잖아! 여기서 친구를 만나네? 그럼 동생은 몇 살이야?"

"응, 여덟 살 남동생이 있어."

"난 여동생이 있어. 여섯 살. 너무 어려서 피곤해. 동생 때문에 피해가 많아. 매일 나만 혼나. '너는 오빠니깐 동생을 잘 보살펴야지.' 하면서 엄마는 나만 뭐라고 해."

"여덟 살도 마찬가지야. 하하하."

"그래? 다 그렇구나. 너도 힘들겠다. 나이 먹은 우리가 참아야지."

"넌 어느 동네에서 왔어?"

"푸르지오."

"뭐? 푸르지오? 무슨 동네 이름이 그래?"

"야, 푸르지오 몰라? 얼마나 큰데. 천 세대야."

"와! 집이 그렇게나 많아?"

옆에서 듣고 있던 내가 기가 막혀서 두 아이의 대화에 끼어들었다.

"친구, 동네 이름 몰라? 푸르지오는 아파트 이름이고, 동네 이름. 학교도 있고 병원도 있고 우체국도 있는 동네 말이야."

"아저씨! 동네 이름이 푸르지오 맞아요. 전화로 112동 1203호 하면 자장면도 와요."

이 아이에겐 동네 이름이 푸르지오인가 보다. 단지가 너무 크다보니 한 단지에 초등학교, 유치원, 병원, 우체국, 동사무소 등 모든 시설이 다 있다. 부모가 많은 시간을 아이에게 할애해서 갯벌체험을 하고 캠핑장도 놀러가지만 결과는 푸르지오 아파트 단지가 전부인 것이다. 집이란 주거로서 삶의 기초이며 인생의 시작이다. 아파트의 특징인 같은 모양의 집, 같은 놀이터, 같은 학교, 같은 학원에 다니는 아이

가 마당 있는 단독주택에서 자라온 아이보다 체력이나 창의력이나 정서면에서 뛰어날 수 있을까? 과연 이런 아파트가 추억의 집이 될 수 있을지는 어른들이 선택할 몫이다. 과연 아파트라는 건축물이 아이가 느끼는 추억, 그리고 '내가 자란 동네'라는 아련한 정서의 대상이 될 수 있을까?

나중에 자라서 "난 이편한세상이야. 야! 나랑 같은 회사에서 지은 아파트에 살았구나. 반갑다." 라고 같은 추억의 아파트 모임을 하는 시대가 올까 걱정이다.

을왕리 해수욕장에서 푸르지오 동네에 사는 아이 덕분에 한참을 웃었지만 한편으로 씁쓸한 하루였다.

아낌없이
나눠주는 나무

        단독주택에서 가장 중요하게 고려해야 할 부분
은 무엇일까 생각해본다. 건물 디자인? 아니다. 건물은 편하면 그만
이다. 가장 중요하게 고려해야 할 부분은 바로 마당이다. 마당이 있
고 건물이 있는 것이지, 건물을 짓고 남은 공간이 마당이 아니다. 그
리고 마당에서 특히 중요하게 생각해야 할 부분은 당연히 조경이다.
조경이야말로 단독주택의 시작이요, 끝이다. 사실 단독주택을 지으면
서 이 부분까지 생각하기는 쉽지 않다. 건물 짓기도 바쁘기 때문에 조
경을 생각할 겨를이 없다. 그래서 열심히 건물을 지어놓고 조경에서
망치는 경우도 허다하다. 조경이야말로 돈을 쓰기 시작하면 한도 끝
도 없다. 소나무 한 그루에 1억이 넘는 것도 있다. 멋있는 조경석은 운
반비가 더 든다. 조경공사 중에 가장 비싼 건 나무가 아니라 운반비와

용인 스튜디오 땅콩집 마당. 텃밭에 축구장에 파라솔에, 이 마당에는 없는 게 없다.

인건비다. 큰 나무는 나무 자체도 비싸지만 심을 때 인력만으로는 어려워 장비도 불러야 한다. 또한 나무를 옮기는 과정에서 뿌리가 다칠 확률이 높아 병들어 죽는 경우도 많다. 비싼 나무는 관리도 힘들다. 그렇다면 어떻게 해야 잘하는 조경일까? 건물도 편하게 짓듯이 조경도 편하게 하자. 처음부터 큰 나무를 심을 필요는 없다. 나무는 아이처럼 자란다. 아이들도 자기랑 같이 쑥쑥 자라는 나무를 보며 함께 성장한다. 그렇게 되면 자연을 친구처럼 따뜻하게 대하게 된다.

우리 집 거실에서 마당을 보면 왼쪽에는 살구나무와 감나무를, 그리고 오른쪽에는 모과나무와 대추나무를 사이좋게 심고 그 옆으로 단풍나무 두 그루를 심었다. 그리고 마당 중앙에 앵두나무 세 그루를 심었다. 5월이 되면 작은 앵두나무에 앵두가 엄청 열려 아이들이 따 먹기 바쁘다. 앵두나무가 아직은 작아 여섯 살 우리 딸이 따 먹기 좋다. 저녁에 집에 들어가 아이의 손을 보면 그날 얼마나 앵두를 많이 따 먹었는지 알 수 있다. 손과 손톱이 빨갛게 물들 정도로 하나도 남김없이 다 따 먹는다.

"그렇게 앵두가 좋아?"

딸의 대답은 앵두나무에서 직접 따 먹는 재미가 좋다고 했다. 아무래도 앵두를 사탕으로 알고 있는 건 아닌지. 내가 먹어봐도 사탕처럼 참 달긴 하다. 이름 바꿔! 사탕나무로.

지난 가을에는 대추나무 뿌리가 아직 정착이 안 됐는지 열매가 열리지 않았다. 그 대신 모과나무에 모과가 두 개 열렸다. 어느 날 갑자기 가지 사이로 모과 두 개가 숨어 있는 걸 발견했다. 언제 자랐는지 모르게 마치 하늘에서 떨어져 나뭇가지에 걸린 것처럼 갑자기 우리의 시야에 들어온 것이다. 더 크면 따자고 말렸지만 다음 날 아이들은 나무에 올라가 사이좋게 하나씩 땄다. 아이들은 먹기는 좀 그랬는지 모과 열매를 집에 가져와 공처럼 가지고 놀았다.

모과는 "나 좀 그만 괴롭히고 차라리 빨리 먹어라." 하는 것 같았다. 그러나 모과의 바람은 이루어지지 못했다. 모과는 겨울이 올 때까지도 다락방에서 다른 공들과 함께 아이들을 즐겁게 해주었다.

내가 용인 죽전에 처음 집을 지을 때의 일이다. 집이 작은 모바일 주택이라 주변 이웃들에게는 관심의 대상이었다. 3주 만에 집을 짓는 과정도 이상하니 이해는 하지만 이웃들은 공사 중 사사건건 관여를 했다. 무심한 이웃보다는 낫다는 생각에 하나하나 대응을 해주니 나중에는 같이 고민하는 수준에까지 이르렀다.

"아니 집을 짓다 말아?"

"돈이 없어서요, 죄송합니다."

"그럼 조경에라도 돈을 써요. 우리 집은 조경공사비 3억 들었어."

"와! 소나무가 멋있네요. 돈이 없어 조경공사비 500만 원에 끝내야 해요."

"그래도 동네 수준을 맞춰줘야지. 이웃끼리."

"죄송합니다."

그때 나는 땅을 사고 남은 돈이 8천만 원밖에 없어 18평만 지어 살았다. 옆집들은 기본적으로 70평, "집을 짓다가 마냐?"는 질문은 당연했다. 작은 집에 비해 대지는 109평이나 되어 집을 짓고 나니 마당이 거의 운동장 수준으로 동네에서 가장 넓었다. 돈이 없어 집도 작게 지은 마당에 비싼 소나무를 심을 돈은 당연히 없었다. 옆집의 소나무는 잔가지가 멋지게 뻗어 나온 멋있는 모양이다. 그리고 그 나무를 중심으로 소나무들이 7그루 더 있었다. 누가 봐도 조경 공사비가 많이 든 집으로 보였다. 우리 집은 마당에 잔디를 깔고 대추나무 세 그루를 심었다.

5월에는 우리 집 창문이 노랗게 변했다. 옆집에서 날아온 송홧가루가 우리 집을 뒤덮었고 소나무에 영양제 주사바늘이 항상 꽂혀 있어 우리 아이들은 옆집 나무들이 아픈 줄 알았다. 그렇게 비싼 소나무이니 죽을까 봐 매일 정성을 다해 가꿀 수밖에 없을 것이다. 게다가 전문 조경업체에서 수시로 와서 관리를 해주니 관리 비용도 만만치 않아 보였다. 내가 심은 대추나무는 죽어도 큰 피해는 없다. 뭐, 죽으면 다시 심으면 그만이다. 비료도 안 주고 크게 신경도 안 쓰는데도 대추나무는 알아서 가을이면 대추를 선물한다. 작은 대추나무라서 별로 기대하지 않았는데 나무를 심은 다음 해, 마트에서 파는 큰 봉투 세 개를 채울 정도로 대추가 많이 열렸다. 가을이면 우리 가족에게 푸짐한 선물을 주는 7만 원짜리 대추나무가 내겐 더 소중하고 사랑스럽다. 이번 가을에도 땅콩집에 아낌없이 열매를 나눠줄 나무들의 실력발휘를 기대해본다.

엄마,
럭셔리주택이 뭐야?

       한 달에 한 번 정도 강의 요청이 들어오는데 주로 백화점 문화센터에서 집 짓기 강의를 제안하는 경우가 많다. 한번은 서울 디자인리빙페어에서 '작은 집이 럭셔리하다'라는 주제로 강의 의뢰가 들어왔다. '럭셔리'라는 단어가 들어간 이유는 럭셔리 잡지사에서 주최하는 강의이기 때문이다. 작은 집은 내 전공인데 럭셔리라니. 럭셔리를 빼고 강의를 하자고 할 수도 없고 참 난처했다. 그날 집에서 저녁을 먹으며 고민을 가족들과 함께 이야기해보았다.

"여보, 단독주택에 뭐가 있어야 럭셔리하다고 할 수 있지?"

"우선 주방이, 이런 거 말고 럭셔리한 거 있잖아. 3천만 원짜리 주방정도면 럭셔리하지. 예를 들어 디자인으로 승부하는 이탈리아 에페티, 아님 하드웨어가 좋은 독일 명품 주방가구 라이히트 정도?"

전문가인 나도 처음 들어보는 주방회사 이름들을 나열한다. 아내는 신이 나는지 화장실 명품회사까지 열거한다.

"화장실을 잘 꾸미면 집이 럭셔리해 보이지. 가구도 단가가 나가는 거 놓으면 집안 분위기가 확 달라져."

나도 모르는 새 아내는 집 짓기 전문가 수준이 되어 있었는데 이미 각 회사의 장단점까지 분석한 상태였다. 덧붙여 가격대까지 침을 튀면서 흥분한 상태로 설명했다. 아내는 이 정보들을 어디에서 얻었을까? 당연히 인터넷에서 얻은 정보였다. 일반인들도 집 짓기 정보의 많은 부분을 인터넷에 의지를 하다 보니 잘못된 소비문화를 만드는 경향이 있다.

"평당 8백만 원 정도면 집이 럭셔리하지. 내가 말을 안 해서 그렇지 우리 집 짓는다고 공부 좀 했는데 땅콩집에는 쓸모가 없네."

누가 옆에서 잘못 들으면 명품가방 얘기하는 줄 알 거다. 내가 얘기를 하지 말아야지. 음. 럭셔리의 기준은 돈이군. 아내의 말을 종합하면 집은 작은데 럭셔리라는 뜻은 자동차에 비유하면 BMW 미니라고 생각하는 게 딱 맞는 표현이다. 아내는 말 나온 김에 우리 집 거실 가구들을 바꾸자고 난리를 치니 말을 잘못 꺼낸 것 같다. 분위기를 바꿔서 딸에게 물었다. 나의 얼굴 표정은 사뭇 진지했다. 뭔가 신선한 대답이 안 나오면 미쳐버릴 것 같은 표정으로 물었다.

"그럼 우리 이쁜 딸은 럭셔리한 집이 뭐라고 생각해?"

"아빠! 럭셔리가 뭐야?"

당연히 럭셔리라는 단어의 의미를 아이들은 모른다.

아빠! 마당이 있어야 럭셔리한 집이야.

"아빠가 설명을 하자면, 럭셔리란 비싼 거, 그러니깐 집에서 가장 비싸고 중요한 거야."

"아, 앞마당!"

역시나 딸아이의 답은 신선했다. 나는 흥분된 마음으로 이유를 다시 물었다.

"왜?"

아이는 너무 쉽게 의외의 대답을 했다.

"마당이 없으면 좋은 집이 아니지. 가장 비싼 건 마당이야. 마당은 꼭 있어야 해. 마당이 없으면 뭐가 비싼 집이야?"

딸아이는 물끄러미 나를 바라보며 오히려 질문을 던졌다.

"그래 네 말이 맞아. 다른 건 또 없어? 두 번째로 중요한 건?"

두 번째 질문에도 딸아이는 생각도 하지 않고 단번에 대답을 했다.

"옆집 재모 오빠가 있어야 해."

의외의 대답에 당황을 하면서도 역시나 신선하다는 표정으로 이유를 물었다.

"그건 왜? 비싼 집이랑 옆집 재모 오빠랑 무슨 상관이지?"

"옆집이 없으면 재미없잖아. 난 재모 오빠가 좋아. 사탕도 사주고, 껌도 사주고."

잠시 침묵이 흘렀다. 여섯 살 딸보다도 삶의 진실을 모르고 살고 있었던 거다. 우리는 어느새 알게 모르게 물건의 값어치를 모양과 금액으로 판단을 해온 것이다. 어른들은 비싼 마감재와 가구와 큰 집이 럭셔리의 기준이라고 생각한다면 아이들은 그냥 마당에서 놀고 주방에서 엄마랑 쿠키를 구워먹는 그 순간이 더 값어치가 있다고 생각하는 것이다. 비싼 서재가 중요한 게 아니고 자기 전에 자기 침대에서 30분 책 읽어주는 시간이 중요하다고 생각한다. 럭셔리한 집에는 마당이 있고 이웃이 있어야 한다고 말한다. 이게 없으면 10억이 넘는 비싼 집이라도 절대 럭셔리한 집이 될 수 없다는 것을 아이에게 배운다.

럭셔리한 집이란 생각하기 나름이다. 생각에 따라 나에게 너무 먼 얘기가 될 수도 있고 지금 내가 사는 집이 럭셔리한 집이 될 수도 있다. 아이들의 눈으로 세상을 보니 모든 게 다 보였다. 내친 김에 딸아이에게 럭셔리한 집을 그려달라고 부탁했다.

여섯 살 딸이 생각하는 럭셔리집이다.

옷집 아이, 만두집 아이,
철물점 아이

속담 중에 '산 입에 거미줄 치랴.'가 있다. 아무리 살림이 어려워 식량이 떨어져도 사람은 그럭저럭 죽지 않고 먹고살아가기 마련임을 이르는 말이다. 같은 뜻으로 '사람이 굶어 죽으란 법은 없다.'라는 말도 있다. 사람은 동물과 달리 나름대로 먹고살 수 있는 능력이 있는 존재다.

그럼, 사람이 만약에 혼자 있다면 그럭저럭 죽지 않고 살 수 있을까? 지금 현재 내가 살고 있는 이 시점에서 누구의 도움 없이 살아갈 수 있을까? 이 문제를 생각하고 사는 사람은 몇 명이나 될까? 이 질문에 내 인생을 정말 잘살았는지, 진정한 친구가 있는지, 날 반겨줄 고향이 있는지, 세월이 흘러 부모님이 다 돌아가시고, 내가 먼저 세상을 떠나면 아내와 아이들끼리 산 입에 거미줄을 안 칠 수 있는지 장담

할 수 있을까?

 속담의 배경을 한번 생각해보자. 이런 속담이 가능한 시대에는 동네사람들이 서로 다 알고 지내면서 살았다. 동네 슈퍼, 세탁소, 미장원 주인도 다 아는 사람들이었다. 옆집도 뒷집도 마을 입구 대추나무 집에 누가 살고 첫째 아이가 반에서 반장이라는 것도 다 알고 살았다. 돈이 없으면 동네 슈퍼에서 외상으로 라면을 사다 먹었다. 어렸을 때 엄마의 심부름 중에는 돈도 안 쥐어주고 슈퍼에 가서 라면을 사오라는 적이 있었다. 이게 가능한 이유는 동네가 작기도 했지만 나름대로 서로 알고 지내며 살았기 때문이다. 어느 한 집이 어려우면 동네 사람들이 서로 도와주고 위로해주면서 살았다. 하지만 지금은 아이들과 산책하다 아이들이 음료수를 사달라고 떼를 쓰면 주머니에 지갑이 있는지부터 확인하게 된다. 만약에 돈이 없으면 "음료수 몸에 안 좋아." 하고 아이들을 달래 집으로 그냥 돌아온다. 넉살좋게 "돈은 이따 드릴게요."라고 할 수도 있지만 가게 주인이 아닌 아르바이트 학생이라면 안 된다고 할 것이다.

 가끔 버스정류장에서 지갑을 잃어버렸다고 2천 원만 빌려달라고 하는 학생이 있다. 진짜 지갑을 잃어버려서 버스비를 빌려달라고 하는 것일 수도 있지만, 내 마음속으로 '이렇게 열 명이면 2만 원인데 어디서 수작이야.' 라는 생각이 드는 이유는 뭘까? '정 없으면 택시를 타고 집 앞에서 엄마를 부르는 방법도 있잖아.' 하면서 내가 안 도와주는 이유를 합리화시키는 것은 아닌지 마음이 복잡하기도 했다. 다들 이런 경험이 있을 것이다. 과연 아는 학생이라면, 아니, 버스에서 한두 번

본 학생이라면 2천 원을 빌려줬을까? 그래도 내 일이 아니니 '택시를 타면 되지?'라고 생각했을 것이다. 하지만 실제로는 그 학생이 택시를 타지 못할 피치 못할 사정이 있을 수도 있다. 아니면 다음에 나를 만나 진짜 돈을 갚을 생각으로 빌려달라고 한 것일 수도 있다.

작은 동네에서 다 알고 살다가 대도시로 와서 서로 모르는 사람들이 살다보니 어쩔 수 없는 현상이라고 생각하기에는 마음 한구석이 찝찝하다. 이게 대도시의 삶이야, 라고 나를 합리화하는 건 아닌지.

건축을 공부하는 한 사람으로서 나는 아직도 '행복한 집'에 대한 정의를 명쾌하게 내릴 수가 없다. 건축과에 들어가면 첫 수업이 주택이다. 유명한 건축대가들의 삶을 보면 주택에서 시작해서 주택으로 끝나는 경우가 많다. 그만큼 집은 모든 건축가들의 숙제이기도 하다. 이 세상에 건축 중 주택이 가장 어렵다. 특히 누군가가 행복하게 살 집을 설계한다는 것이 과연 어떤 것인지 잘 모르겠다.

나 역시 어려서는 주택에 살았지만 초등학교 이후에는 아파트에서 살았다. 초등학교 때 강남으로 이사를 와서 강남의 발전과 변해가는 모습을 보고 자랐다. 고속버스터미널이 지어지는 것도, 동네에 아파트가 계속 지어지는 모습도 봤다. 학교 가는 길은 항상 공사장이어서 내가 나중에 건축을 공부하게 된 계기가 되었는지도 모른다.

다른 집도 마찬가지겠지만 우리 집도 아파트를 재산증식의 수단으로 삼아 적어도 1년에 한 번씩은 한 동네에서 이 아파트에서 저 아파트로 이사를 다녔다. 내가 다니는 초등학교를 중심으로 이사를 하면서 집이 조금씩 넓어졌다. 15평에서 18평으로 다음은 같은 평수지만 새 아파트로, 그 다음은 24평, 그 다음 32평. 그렇게 점점 더 비싼 아파트로 이사를 했다. 집이 점점 넓어지면서 우리 가정이 더 행복해졌는지는 의문이다. 동네가 익숙해지면 이사하고 동네가 익숙해지면 또 이사를 해서 다음부터는 앞집 아저씨나 아줌마한테 인사하는 것도 귀찮아졌다. 알게 되어도 다음 달에 또 이사를 갈 건데 무슨 소용이 있나 싶어 그냥 머리만 숙이는 정도로 인사하게 되었던 것 같다.

많은 건축가들이 아파트 설계에서 커뮤니티를 강조한다. 주택의 모양이나 평수보다도 커뮤니티에 신경을 쓰는 이유는 사람들이 모여 사는 동네라는 생각에서 벗어날 수 없기 때문이다. 헬스장은 기본이고 관리실, 노인정, 그리고 유치원을 포함한 어린이집도 있다. 다양한 프로그램을 넣어 좋은 시설을 만들지만 이상하게 아파트 단지는 '동네'라는 유대감이 형성되지는 않는다. 헬스장 시설을 같이 이용하지만 굳이 친분을 쌓으려고 노력하지 않는다. 같은 동네에 살지만 '우리 동네'라는 커뮤니티 형성은 옛날같지 않다. 어찌 보면 아파트에서는 '동네'라는 개념이 불가능한 게 아닌가 싶다.

기자들이 땅콩집을 왜 만들었냐고 질문하면 나는 이렇게 답한다. 아이들에게 집을 만들어주고 싶었다고. 아니, 고향을 만들어주고 싶었다고 답한다. 어릴 때 살던 집을 생각하면 이상하게 어머니 품 같은 따뜻함이 느껴진다. 물론 예쁘고 멋지고 비싼 집하고는 거리가 먼 초라한 집이었지만 나는 그 집이 좋았다. 온 동네를 휘젓고 다니던 내 어린시절의 황금기 다섯 살 때, 우리 집은 길가에 붙은 작은 단층집이었다. 평수가 15평 될까? 마당은 한 5평 정도로 잔디는커녕 시멘트

땅콩집이 모여 마을이 되고, 마을은 이웃이 있어 좋다.

바닥으로 마무리된 볼품없는 집이었다. 그때 기억에 한옥은 확실히 아니고 그냥 벽에 지붕은 양철지붕이었는지 비오는 날이면 빗소리가 엄청 커서 빈대떡 생각이 절로 나는 그런 집이었다. 그냥 아주 평범한 집들이 모여 동네를 이루고 내 또래의 아이들이 많이 산 기억이 있다. 그런 집들 사이 골목을 점령한 아이들은 모여서 놀고 담벼락에 낙서를 했다. 옆집은 철물점이라 당연히 깡통집, 뒷집은 아이가 자주 울어서 울보네 집, 길 건넛집은 만두집이라 잘 먹어서 그런지 아이가 뚱뚱했다. 만두집이 아니고 돼지가 사는 집. 그럼 우리 집은? 우리 집 담벼락에는 아주 크게 두 글자가 적혀 있었다. 똥개. 왜 똥개였는지 잘 모르지만 내 별명이 똥개였다. 집에 개도 없었지만 그냥 어느 날 일어나서 나와 보니 누가 담벼락에 똥개라고 쓰고 달아난 거다. 지우면 또 써놓고 써놓으면 또 지우고 쓰고 다시 지우고가 반복됐다. 한 달 정도 그렇게 지나면서 우리 집은 똥개집이 되었다. 억울했지만 이것이 골목길 아이들의 법이다. 우리 집은 전세라 그런지 부모님은 담벼락에 관심이 없었다. 만약에 집주인이었어도 별로 관심이 없었을 것이다. 담벼락이 하도 지저분해서 별로 티도 안 났다. 다들 사는 게 바빠 자기 집 담벼락에 뭐라고 써 있는지 관심이 없던 그 시절, 1974년. 그렇고 그런 집들이 오순도순 아등바등 모여 살던 동네는 서울의 홍은동이다.

길 건너에 내 또래의 친구들이 살아 같이 동네를 휘젓고 다니면서 동네 골목대장을 했던 기억과 친구들의 별명은 아직도 생각이 난다. 대부분이 길가 집이라 가게를 했고, 친구들의 별명은 그 집의 용도와

같았다. 예를 들어 철물점 아이, 고기집 아이, 만두집 아이 그런 식으로 말이다. 그중에서 가장 친하게 지내는 친구는 당연히 만두집 아이였다. 내가 워낙 만두를 좋아해서 그 친구 집에 자주 놀러 갔었는데 그 친구 어머님은 우리가 놀러 가면 항상 만두를 지져주셨다. 그때 먹었던 따끈따끈한 고기만두의 맛을 지금도 잊을 수 없다. 물론 고기는 그 옆집 고기집에서 가져온 거다. 하루 종일 놀다보면 골목길 저편에서 아버지의 모습이 보였다. 어렸을 때 아버지에 대한 기억은 아침에 회사에 출근하시는 모습과 저녁에 퇴근해서 들어오실 때 두 손에 무엇인가 항상 들고 오시는 자상한 모습이다. 어느 날은 귤, 어느 날은 붕어빵, 떡볶이, 순대 등 양은 적었지만 참 다양한 먹을거리를 사들고 퇴근하는 아버지가 늘 반가웠다. 그러던 어느 날부터 출근은 안 하시고 나랑 같이 노는 시간이 많아졌다.

"아빠 오늘은 출근 안 해?"

"응 휴가야, 오늘은 뭘 하며 현욱이랑 놀아줄까?"

"휴가? 회사를 안 가면 퇴근할 때 사오던 먹을거리는 없잖아?"

결국 아버지의 장기 휴가는 실직으로 이어지고 아버지의 실직으로 어머니가 옷가게를 시작하게 되었다.

"엄마 이거 뭐야? 우리 집 이제 옷가게야? 이거 파는 거야?"

그냥 거실에 옷을 걸고 대문에 옷가게 간판을 걸고 장사를 시작한 것이다. 어머니는 편물도 시작하셨다. 언제 배우셨는지 모르지만 모자에 스웨터에 못 만드는 옷이 없었다.

진짜 산 입에 거미줄 치랴는 말이 딱 맞아떨어졌다. 가게를 얻을 돈은 없고, 살고 있는 집이 가게가 된 것이다.

나의 별명도 '똥개'에서 '옷집 아이'로 승격했다. 친구들은 나름 나를 부러워했다. 동네의 패션을 선도하는 아이로 나는 항상 신상 옷을 입었고 동네의 광고판 역할을 했다. 옷이 새 거라 노는 것도 조심스러워 자연스레 행동도 어른스러워졌다. 나는 친구들과 달리 어른이 된 기분이었다. 어머니의 옷가게는 2년을 유지했고 아버지의 취직으로 옷가게는 다시 정리됐다. 집 대문에 걸었던 간판도 없어지고 우리 집은 더 이상 옷가게가 아니었지만 내 별명은 계속 옷집 아이로 남았다. 그 당시 나의 꿈은 패션 디자이너였는데 그 이후 꿈은 계속 변해서 결국 건축 일을 하고 있다. 그리고 오늘도 나의 아버지가 그랬듯이 아이들에게 줄 순대를 손에 들고 퇴근을 한다. 아이들은 내가 문을 열고 들어가면 항상 반갑게 맞이한다. 말은 '아빠 왔어?'이지만 눈길은 늘 손으로 향해 있다.

"아빠 손에 든 거 뭐야?"

"응 네가 좋아하는 순대야!"

"와 아빠 최고다."

산다는 게 이런 거 아닐까?

육아문제는
땅콩집 마을에

　　　　　선거철이면 으레 정치공약이 난무한다. 그중에 재미있는 현상은 여야가 똑같이 한 목소리로 주장하는 공약이 있다는 점이다. 바로 복지! 그중에서 아이들의 육아 및 교육이다. 부모들에게 아이를 키우는 문제가 그만큼 중요하기 때문이 아닐까? 아무리 정치나 정부정책에 관심이 없어도 육아문제나 교육정책에는 귀를 기울이기 마련이다.

　　30,40대 부모들과 주택설계를 하다보면 집 설계보다도 아이들의 육아 및 교육정책으로 이야기가 흘러가는 때가 있다. 아이들 때문에 아파트를 벗어나서 마당 있는 집에서 살기로 결심한 부모 입장에서는 지금의 정책이 마음에 들 리가 없다. 나는 이런 저런 이야기를 듣고 나서 항상 이런 말을 해준다. 정부정책을 기대하기보다는 우선 자신

이 할 일을 먼저 생각해보자고. 지금 아이들을 위해서 마당 있는 집으로 이사를 간다고 결심한 것도 중요하지만 이사 후 이웃과 이웃의 아이들을 위해 내가 무엇을 할 수 있을지 생각해보는 것도 매우 중요하다고 이야기를 해준다.

땅콩집을 짓고 이사온 지 벌써 4년. 바쁜 와중에도 나는 틈틈이 요리를 배우기 시작했다. 내가 좋아하는 건축을 동네 사람들에게 베풀 수는 없어 요리를 배운 것이다. 지금은 주말 아침이면 동네 이웃에게 식빵과 주먹밥을 만들어 아이들에게 배달을 시킨다. 열 살, 여섯 살 두 아이는 서로 들고 가겠다고 아침부터 싸운다. 아침에 일어나 기왕 만드는 거 이웃 몫까지 만들어서 주는 마음이 동네 만들기의 시작이다. 주먹밥이 담겨 있던 그릇은 대추와 사과로 채워져서 다시 돌아온다. 아침식사에 디저트까지 해결이다. 이렇게 1년만 지나면 마을 사람들 중에 우리 아이들을 모르는 사람이 없을 것이다.

양평 개군면에 땅부터 인테리어까지 1억 5천에 외콩집 짓기 프로젝트를 시작했다. 땅콩집 3억에 집 짓기 뉴스를 보고 3억도 없다, 방법을 찾아달라는 메일이 와서 이 프로젝트가 시작이 됐다. 25가구의 사람들이 모여 지금 집을 짓고 있다. 그중에 한 분의 6학년 딸이 땅콩집 모양의 도자기집을 나에게 선물로 줬다. 양평에 외콩집 마을을 만들어줘서 고맙다며 예쁜 땅콩집 모양 토기를 직접 만들어준 것이다. 3억짜리 땅콩집 뉴스를 보고 자기도 그 집에 살고 싶었지만 부모님이 속상할까봐 말은 못하고 그냥 꿈으로 간직하고 있었는데 어느 날 아빠가 "우리 양평에 땅콩집 짓고 살자, 어때?" 라고 물어보는 순간 너무

행복했다고 한다. 그 꿈을 이루게 해준 고마움을 담아 토기땅콩집을 만들었다고 한다. 아이의 마음이 부모보다도 깊고 배려심이 있었다.

정책도 중요하지만 우선 내가 마당 있는 집을 짓고 이웃을 만들어 마을을 만들고 그 마을에서 아이들과 행복하게 사는 게 중요하다. 수학에 자신이 있으면 우리 집 1층에 동네 아이들을 불러 수학을 가르치자. 이웃 삼촌이 가르쳐주는 공부는 학원 선생님과는 차원이 다를 것이다. 돈으로 연결된 관계가 아니고 마음으로 연결된 고리는 수학을 떠나 아이의 인생에 멘토로 남는다. 내 부모뿐 아니라 이웃 부모가 수없이 생겨 이 아이의 고향으로 남을 것이다. 나중에 삶이 힘들어도 살던 마을이, 마음의 고향이 있다는 것은 큰 위안이 된다. 이런 것은 돈 주고도 살 수 없다.

자! 이 아이들을 위해 우리가 뭘 해야 하나를 생각해보자. 아이들을

오늘은.

아이들과
식빵을 만드는 날.
아이들은
밀가루 반죽이
쭉쭉 늘어나는 게
재미있나 보다.
동네 사람들과
나누어 먹으려면
얼마나 만들어야 할까?

딸 친구들을 초대해 생일파티를! 놀러온 친구들이 더 좋아한다.

위해 과자를 구워줄까? 아님 내가 기타를 칠 줄 아니 아이들을 모아 놓고 노래를 불러줄까? 기타를 가르쳐줄까? 내가 영어를 좀 하면 영어를 가르쳐줄까? 자기 아이 가르치는 일은 어렵고 힘든 일이다. 하지만 동네 아이들 5명을 같이 가르치면 쉽다. 할 줄 아는 게 없으면 지금이라도 공부를 하고 배우자. 아이들을 가르치기 위해 인라인스케이트를 정식으로 배운다고 생각해 보자. 목표가 확실하니 더 열심히 배울 것이다. 준비과정이 즐거울 것이다.

동네를 위해 아이들을 위해 우리 집 마당을 오픈하자. 아이들이 무리를 지어 축구를 하게 우리 잔디 마당을 개방하자. 잔디가 밟혀 죽어도 괜찮다. 다시 심으면 된다. 마당에 아이들이 모래놀이를 할 수 있게 모래장을 만들고 여름에 아이들이 수영을 할 수 있게 간이 수영장을 만들자. 내 아이가 동네 아이들과 어울려 함께 놀 수 있게 내가 투자하자. 이웃집을 위해 텃밭을 열심히 만들어 고추를 심자. 많이 심어 옆집에 앞집에 나눠주자. 텃밭에서 일하는 시간이 즐거울 것이다. 대추나무를 많이 심어 가을 추석에 동네 아이들에게 나눠주자. 감나무를 잘 가꾸어서 내 집에 놀러온 아이들에게 나눠주자. 내 생일날 저녁 동네 사람들을 초대해 마당에서 삼겹살을 구워먹자. 포도주 한 잔 오케이! 상상만 해도 즐거운 비명이 나올 것이다.

음식 쓰레기를 버려도 아이들에게 도움이 되는 방법을 연구하자. 앞마당에 지렁이를 키울까? 아이들이 좋아하겠지? 엄마, 음식 쓰레기 제가 버릴게요! 와, 지렁이가 한 달 만에 두 배나 커졌어요. 엄마, 텃밭에 비료 제가 줄게요. 지렁이가 똥을 아주 많이 싸서 옆집 텃밭까지 줬어요.

마당 있는 집을 짓고 이웃을 만들어 마을을 이루자. 아이들에게 고향을 선물하자. 아침에 일찍 일어나 빵을 굽고 이웃과 나누어 먹자.

지금 우리 아이에게 해 줄 수 있는 것은 아이의 학원비를 벌고 캠핑장에 놀러갈 돈을 버는 게 아니다. 아이에게는 돈을 버는 아빠가 필요한 게 아니라 같이 놀아줄 아빠가 필요한 것이다. 그 중요한 시기를 절대 놓치지 말았으면 좋겠다. 즐거운 상상을 하며 이 글을 쓰고 있는 시간은 일요일 오후 1시. 점심시간인데 아이들이 아까부터 보이지 않는다. 동네 어느 집에서 점심을 먹고 있나 보다. 이웃 덕분에 아내랑 커피 한 잔 하면서 햇살 따뜻한 일요일 오후를 즐길 수 있겠다.

나무집
만들어주세요

　　　아이들에게 동화책을 읽어주다 보면 아름드리 나무에 집 하나가 가끔 등장한다. 〈톰 소여의 모험〉에도 나무집은 꼭 나온다. 숲속에 아주 큰 나무 중앙에 나무판자로 만든 엉성한 나무집. 밧줄을 타고 나무집을 오르내린다. 아이들의 꿈의 집, 나무 판잣집이다. 동화책을 읽다가 나무집이 나오자 딸이 조르기 시작했다.

　"아빠, 나무집 만들어줘. 이 동화책 그림처럼 나무 위에 집 만들어줘."

　옆에서 아들이 책상에서 공부하다 말고 대화에 끼어든다.

　"아빠 이 집도 만들었잖아. 나무집 정도야 금방 만들 수 있지? 마당에 우리들을 위해 하나 만들어줘라."

　이 말에 나는 안방에서 다림질하는 아내에게 소리지른다.

"이봐, 이래서 동화책 읽어주면 안 돼. 아이들의 상상력이 지나쳐서 현실하고 헷갈려하잖아."

우리 집 마당에는 나무 위에 집을 지을 정도로 큰 나무가 없다. 나무가 언제 자랄까? 아마도 내가 죽고 아들이 결혼해서 아이가 태어나면 그때는 가능할지도 모른다. 아들을 설득해보지만 딸은 나의 볼을 잡고 놔주지 않는다. 아이들은 이 땅콩집도 내가 직접 지은 줄 안다. 나는 설계, 감리만 하고 이 집은 목수들이 지은 건데.

하는 수 없이 나무집을 만들어주기로 약속을 하고 도면을 그려서 목수팀에 견적을 의뢰했다. 하루 반나절 일하고 자재비 포함 50만 원. 페인트는 별도. 결국 일사천리로 나무집을 만들었다. 4개의 기둥에 받침대를 만들고 그 위에 벽을 세우고 지붕을 얹었다. 나무집 공사는 1시간 만에 끝나고 목수팀은 철수했다.

"역시 기획이 중요해."

미리 자재를 절단해 와서 1시간 만에 조립이 끝났다. 파라솔에 앉아 아이들이 학교 끝나고 올 때까지 기다렸다. 커피를 한 잔 마시면서 무슨 색으로 칠할지 고민했다. 딸을 위해 분홍색? 아님 아들을 위해 노란색? 옆집 재모를 위해 파란색? 커피를 마시면서 나무집을 자세히 보니 내 어릴 적 추억이 문득 떠올랐다.

지금 생각해보면 내가 결혼해서 이사를 많이 한 이유가 어려서 이사를 자주한 경험에서 오는 것 같다. 유치원에 다닐 때 우리 동네 판잣집에 대한 아픈 추억이 나의 건축철학에 영향을 준 것이 분명하다. 사연은 이랬다.

내 나이 일곱 살, 갈대밭 사이로 아버지와 한 아이의 모습이 나타난다. 갈대밭은 석양에 황금색으로 변했고 그 두 사람의 뒤로 나무집 하나가 황금색으로 물들고 있었다.

잠실에 있는 5층 주공아파트에서 1년 동안 산 적이 있었는데 내가 살던 아파트 옆에는 석촌호수가 있었다. 지금은 롯데월드가 멋있는 호수를 배경으로 들어서 있지만 내 어린시절의 석촌호수는 그냥 작은 갈대밭이었다. 여름이면 물이 불어 낚시도 할 수 있는 작은 웅덩이였다. 지금의 석촌호수는 작은 늪지대를 개간해서 크게 만든 것이다. 나는 아버지와 그곳에서 낚시를 하거나, 아버지 옆에 가만히 앉아 갈대밭 사이로 해가 지는 것을 구경하곤 했다. 그렇게 6개월이 지나고 봄이 왔다. 4월 어느 날 일이 벌어졌다. 3월에 맞은 내 일곱 번째 생일날 부모님이 큰맘먹고 비싼 자전거를 선물로 사주셨는데 자전거를 산 지 한 달 만에 잃어버린 것이다. 자전거를 선물로 받지 않았으면 이 일도 일어나지 않았을 거고 어쩌면 나는 지금 건축을 하고 있지 않을지도 모른다.

4월 28일 오후 2시, 그날도 하루 종일 자전거를 자랑하려고 온 동네를 휘젓고 다녔다. 자전거는 동네에서도 빛났다. 빛나다 못해 봄 햇살에 번쩍거려 눈이 부셨다. 동네 친구들은 부러워서 한 번만 태워달라고 나를 졸졸 따라다녔다.

"아이스크림 하나 주면 태워줄게."

아이스크림을 먹으면서 친구가 내 자전거를 타고 노는 사이 처음 보는 형이 나타나 말을 걸어왔다.

"내가 딱지 줄게 나도 한 번 태워주라."

"네? 딱지요?"

"그래, 딱지가 숨겨진 보물섬을 알아. 한 번만 태워주면 그 장소를 가르쳐줄게."

나는 그날 그 형을 처음 보았다. 이 동네에서 본 적이 없었는데 딱지에 정신이 팔려 경계심이 아예 사라졌다. 오래 알고 지낸 사이처럼 난 그 형에게 말을 걸었다.

"형 진짜야? 딱지 주인이 없어? 딱지가 얼마나 있는데?"

"아주 많아. 너무 많아서 우리 둘이 같이 들지도 못할 정도야. 내가 그동안 모은 딱지인데 너 다 줄게."

그 형의 말이 끝나자마자 나는 자전거를 타고 있던 친구를 불렀다. 그만 타라는 말에 삐쳐서 가버린 친구를 신경쓰지도 않고, 나는 어느새 그 형을 따라가고 있었다.

"형, 어디로 가?"

"응 빨리 따라와. 누가 가져갈지도 몰라."

나는 자전거를 타지 않고 밀면서 걸으며 열심히 형을 따라갔다. 10분쯤 갔을까? 어느 상가 앞에서 우리 둘은 멈춰 섰다.

"이 상가 4층 계단이 끝나는 곳에 있어. 자전거 세워놓고 같이 올라가자."

"자전거 잠가야 하는데…… 잃어버리면 아빠한테 혼나."

"괜찮아 금방 오면 돼. 빨리 올라가자."

약간 걱정은 됐지만 딱지를 빨리 갖고 싶은 마음에 자전거를 그냥 세워두고 형을 따라 계단을 올라갔다. 4층을 단숨에 올라간 우리는 숨을 할딱거리며 딱지를 찾았다. 우리 둘은 여러 종이상자가 너저분하게 널려 있는 사이로 들어가서 박스를 뒤졌다. 1분 정도 지났을까? 형이 고개를 저으면서 말했다.

"이상하다? 여기 있었는데 어디 갔지?"

"형 뭐야? 어떻게 된 거야? 여기 아니야?"

"잠깐 넌 계속 찾아봐. 반대편 계단인지도 모르겠다. 내가 가볼게. 여기서 찾으면 밑으로 들고 내려와, 알았지?"

이렇게 말하고 형은 계단을 내려갔다. 아무런 의심없이 나는 형을 찰떡같이 믿고 있었다.

'그래 내가 찾아야겠다. 자기가 숨기고 찾지도 못해. 바보!'

10분이 지나도 딱지는 보이지 않고 머리는 종이박스 쓰레기 먼지를 뒤집어써서 하얘졌다.

"에이 뭐야? 형한테 가봐야겠다. 여기는 없어."

계단을 내려가서 반대편 계단을 오르려는 순간 길가에 세워둔 내 자전거가 없어진 걸 알게 되었다.

"어 이상하다. 여기다 세워놨는데 어디 갔지? 형은 또 어디 간 거야?"

자전거를 세워놓은 곳 앞 가게 아저씨에게 여기 자전거 못 봤냐고 물어봤지만 못 봤다는 대답만 돌아왔다. 한참 주변을 살피고 자전거를 찾았지만 내 자전거는 보이지 않았다. 찾다가 형에게 물어보려고 반대편 계단을 올라갔는데 형도 보이지 않았다.

"이 형은 대체 어디로 간 거지?"

1시간 이상 자전거를 찾다가 집으로 달려가 엄마에게 도움을 청했다. 엄마도 같이 찾았지만 동네 어디에도 내 자전거는 없었다. 저녁에 아버지가 와서 내 얘기를 듣더니 꼭 찾아주겠다고 약속을 했다. 나는 그제서야 잠을 잘 수 있었다.

그 다음 날 일요일, 아버지를 따라 하루 종일 자전거를 찾으러 다녔는데 내 자전거는 보이지 않았다. 나를 속인 그 형의 행동이 너무 괘씸하다고 그 형을 찾아 꼭 혼내주겠다고 나를 타이르는 아버지를 보니 안심이 됐다.

'내가 바보가 아니라 그 형이 나쁜 거야. 그런 나쁜 형이 어디 있어.'

이렇게 마음속으로 나를 달래며 아버지가 그 형을 찾아주기만을 바랐다.

자전거를 잃어버린 지 2주가 지났다. 엄마가 바보같이 속고 다니냐며 나를 야단치면 아버지는 그 형이 나쁜 놈이라고, 일곱 살이 뭘 아냐며 속을 수밖에 없는 상황이라고 엄마를 달랬다. 엄마는 비싼 자전거를 잃어버린 것보다 아들이 바보같이 속았다는 게 더 속상하셨던 것 같다. 마침내 한 달이 지나서 아버지가 자전거를 찾았다고 말했다. 그 형이 사는 곳을 알아냈다고 얼굴 확인을 해야 하니 같이 가자고 했다. 난 조금 무서웠다. 아니 그 형이 나에게 보복을 할까봐 안 가겠다고 했다. 그냥 경찰에 넘기라고, 감옥에 넣으라고 울면서 발버둥을 쳤다.

"현욱아 너를 속인 그 형이 맞는지 확인을 하고 경찰에 신고하자.

걱정하지 마. 아빠가 알아서 할 테니 아빠를 믿어."

난 그 형한테 가기가 죽기보다 싫었지만 어쩔 수 없이 아버지를 따라갔다. 아버지의 손을 잡고 같이 아파트를 지나 갈대밭을 걷기 시작했다.

"아빠, 이 길은 낚시하러 가는 길인데? 맞아?"

"응 맞아. 그 옆에 살더라고."

갈대밭으로 낚시는 다녔지만 사람이 사는 집이 있다는 건 그때 처음 알았다. 익숙한 갈대밭 길을 지나고 우리가 자주 가던 낚시터도 지나니 갈대숲 사이로 집들이 보였다. 집이라는 게 판잣집들이 여러 채 모여 있는 동네였다. 아버지는 판잣집 사이로 조금 들어가다가 어느 집 문앞에 멈춰 섰다.

"여기가 그 형이 사는 집이야."

아버지는 그 형의 이름도 아는지 이름을 불렀다.

"석근아, 안에 있니?"

아버지의 부름에 문을 열고 그 형이 나왔다. 이름은 석근이고 나보다 다섯 살 많다고 했다.

"아빠 이 형 맞아. 이 형이 내 자전거 훔쳐갔어!"

아버지는 흥분한 나의 어깨를 잡고 나를 진정시켰다.

"아빠가 알아서 할게, 너 먼저 낚시터로 가 있을래?"

갑자기 그 형의 일그러지는 얼굴을 보고 너무 놀란 나는 아버지의 말이 끝나기도 전에 이미 그 집앞을 벗어나고 있었다. 발길을 돌려 판잣집 사이의 골목길을 벗어날 때 다시 뒤를 돌아봤다. 갈대밭 뒤로 판잣집들이 죽 늘어서 있고 석양에 갈대밭이 황금색으로 물들어가는 모습이 보였다. 석양에 물든 판잣집과 그 뒤에 서 있는 두 사람. 아버지와 그 형은 무슨 얘기를 하는지 진지해 보였다. 그 광경은 마치 한 폭의 명화 같아 나는 가던 길을 멈춰 서서 한참을 지켜보았다. 내 눈에 그 판잣집은 더 이상 판잣집이 아니었다. 훌륭한 갈대밭 정원을 가진 아름다운 건축물로 변해 있었다. 그곳에 아버지와 그 형이 서 있다. 판잣집 지붕의 높이는 아버지의 머리보다 한 뼘 정도밖만 높아 아담하고 따뜻해 보였다. 아버지가 뭐라고 말을 하자 그 형은 울기 시작했고 아버지는 그 형을 안아주고 있었다.

어린 내 마음속에 뭔지 모를 이상한 기분이 들었다. 그땐 그 기분이 어떤 것인지 잘 몰랐는데, 집이란 이런 것이구나, 따뜻해야 하는 것이구나, 집 자체가 자연의 일부이며 사람까지 자연의 일부로 만드는 것이 집이구나 하는 걸 그때 알았는지도 모른다. 내가 사는 아파트보다 그 판잣집이 더 멋져 보였다. 우는 형을 달래고 그 형이 울음을 그치자 아버지는 발길을 돌렸다. 내 쪽으로 온 아버지는 형에게 손들어 인사를 하라며 같이 손을 흔들어줬다. 형도 우리에게 손을 흔들었다. 분명히 웃고 있었다. 다시는 나쁜 짓을 하지 않겠다는 얼굴이었다. 그형 뒤로 열린 문으로 어린 동생 둘이 나와 같이 손을 흔들었다. 다정해 보이는 형제들이었다.

"아버지 우리도 이리로 이사오자. 이 집 너무 좋아 보여. 그리고 나도 남동생 하나 만들어줘. 응?"

아버지는 나의 뒤통수를 한 대 때리며 자기 물건 간수도 못하는 내

마당에 짓는 나무집. 땅콩집 짓는 것보다 백 배는 더 어렵다.
무슨 색으로 칠할까?

가 나쁘다고 야단을 치셨다. 그동안 내 편을 들어주던 아버지는 모든 것이 내 잘못이라고 했다. 그 형을 감옥에 보내는 대신 나를 나무랐다. 나 때문에 저 형이 나쁜 짓을 하게 됐다고, 내가 안 속았으면 이런 일이 없었을 거라고, 딱지가 그렇게 좋으냐고 혼을 내셨다.

추억에 잠겨 마당의 나무집을 보고 있는데 어느새 아이들이 마당으로 들이닥쳤다. 아빠의 능력에 감탄을 하며 하루 종일 나무집을 오르락내리락한다. 밧줄 대신 사다리지만 벌써 네 기둥 사이에 나무판대기를 모아 바닥을 만들어서 2층을 만들었다.

"오빠는 2층에 살아, 나는 1층에 살게."

딸이 집 층수를 나눠 영역을 정리한다. 그리고는 집 내부를 꾸미기 시작했다. 저녁에 아이들 자기 전에 아빠의 나무집(판잣집)에 대한 추억을 말해주자 아이들은 할아버지가 우는 형에게 무슨 말을 했는지 궁금해했다. 잘은 모르지만 석근이 형에게 아버지는 이렇게 말했을 것이다.

아무리 힘들어도 동생들 봐서 나쁜 짓 하지 말고 열심히 공부하고 동생들 잘 봐주라고. 힘 내라고. 정 힘들면 아저씨를 찾아오라고 말했을 것이다.

우리 궁금이 딸이 묻는다.

"아빠, 자전거는 어떻게 됐어?"

자전거는 중고로 팔아서 쌀을 샀다고 했다. 동생들이 하도 배고프다고 해서 어쩔 수 없이 자전거를 훔쳤다고. 3년쯤 지나고 그 집을 다시 찾아갔지만 그 형은 없었다. 아니, 그 판잣집이 없었다. 갈대밭도 없어지고 그 주변으로 아파트 건설이 시작되어 모두 사라져 버린 뒤였다. 주변 부동산 아저씨 말로는 불법 건축물을 구청에서 다 철거하고 쫓아냈다고 한다. 그곳 사람들과 마찰이 좀 있었지만 다들 포기하고 떠났다고 했다. 부동산 아저씨가 앓던 이가 빠졌다며 속시원하다고 좋아했던 기억이 나 씁쓸했다. 비록 판잣집은 없어졌지만 내 마음 속에, 그 시절 우리 가족의 마음에는 소중한 추억으로 남아 있다. 우리 아이들이 우리 집 마당에 지은 나무집에서 이런 감정을 느낄 수는 없을 것이다. 그렇지만 어린시절 추억으로 남겠지?

다음 날 옆집 재모에게 나무집 마음에 드는지, 뭐 느끼는 게 없냐고 물었다.

"아저씨, 핑크색이 뭐예요? 창피해서 못 올라가겠어요. 다른 색깔로 바꿔주세요!"

뒷동산에
눈썰매 타러 가요

아이들은 눈이 오면 모이는 장소가 있다. 뒷동산이다.
그것도 눈썰매를 다들 들고 나타난다.
노란색, 빨간색, 녹색 등 무지개 색깔의 눈썰매가 산을 타고 아래로 내려온다.
1시간 정도 지나면 아이들은 옷을 하나씩 벗기 시작한다.
우선 마스크부터, 그리고 모자 그 다음은
점퍼를 벗어 던지고 산 밑으로 몸을 날린다.

난방비 걱정
내복을 입자

　　2005년 10월. 산업자원부는 에너지관리공단과 함께 고유가 시대를 맞아 에너지 절약 캠페인을 벌이기 시작했다. 다름 아닌 '내복 입기 운동'이다. 겨울철 적정 실내온도를 18~20도로 유지하면 전체 난방 에너지가 20% 절감되어 약 1조 5백억 원의 절약효과를 기대할 수 있다고 한다.(참고로 선진국의 경우 적정 실내온도가 미국 18.3도, 영국과 프랑스 19도, 일본 20도 이하다.) 2010년 12월. 우리는? 한번 상상을 해보자. 겨울에 한국의 실내풍경과 영국의 실내풍경을 상상하자.

　　영국 : TV 옆에 크리스마스트리가 있다. 가족들이 크리스마스를 축하하면서 케이크에 불을 붙인다. 벽난로 위에 빨간 양말이 걸려 있다.

벽난로 불빛이 따뜻하다. 아빠, 엄마 그리고 아이들 모두 스웨터와 양말은 기본이고, 딸은 목도리도 하고 있다. 아름다운 그림이다. 별 이상한 점이 없다.

한국 : TV 옆에 크리스마스트리가 있다. 가족들이 크리스마스를 축하하면서 케이크에 불을 붙인다. 벽난로는 없고 아빠, 엄마 그리고 아이들이 반팔에 반바지에 맨발이다. 실내와 실외의 온도 차가 너무 많이 나 거실 창문엔 이슬이 맺히다 못해 물이 줄줄 흘러내린다. 만약 이 장면에서 아빠가 스웨터를 입고 있다면 그게 오히려 이상하다. 이게 우리의 현실이다.

그럼 겨울에 땅콩집 난방은 어떻게 하나? 난방비를 줄이려면 우선 난방부하를 줄이면 유리하다. 그러려면 외벽의 단열성능을 높여 내부의 난방열이 밖으로 빠져나가지 못하게 해야 한다. 물론 땅콩집은 창문이 작아 난방부하를 줄이는 데 유리하다는 게 장점이다. 그럼 벽두께는 어디까지가 적당한가? 아무래도 벽이 두꺼우면 난방비가 적게 나올 것이다. 그렇다고 무턱대고 단열성능을 높이면 공사비가 많이 든다. 경제적인 설계가 중요하다. 일반적으로 땅콩집은 목조주택이다. 정확하게 경량목구조로 벽 두께가 15cm이다. 나무 구조재는 2×6으로 패시브 하우스가 사용하는 2×8(벽 두께가 20cm)을 사용하지 않는다. 그럼 성능을 높이기 위해 2×8로 벽체를 만들어야 하지 않나? 나의 경험으로 웬만한 겨울날씨는 벽 두께 15cm로도 별 문제가 없다. 그럼 겨울철에 아주 추운 10일 동안은 어떻게 하나? 내복을 입으면 된다. 더 추우면 실내에서도 스웨터를 입자. 그리고 자기 전에 침대 속에 뜨거운 물주머니를 넣고 이불 속 온도를 유지하자. 유럽 사람들은 대부분 이렇게 살고 있다. 이건 무리한 삶이 아니다. 겨울에 아주 추운 10일 정도만 불편을 감수하고 버티면 겨울을 나는 것은 어렵지 않다. 물론 반바지, 반팔 입고 땅콩집이 춥다고 하면 할 말이 없다. 땅콩집은 가격대비 성능을 따져 적정 공사비로 적정 온도를 유지하는 방법을 찾은 것이다. 땅콩집 1층 거실은 일본보다 낮은 18도, 2층 침실은 22도에 맞춰놓고 산다. 우리 집은 1층 16평, 2층 16평, 다락 16평으로 실내평수가 48평에 겨울 한 달 도시가스비가 15만 원 정도면 충분하다. 물론 도시가스로 난방, 요리, 온수를 다 해결하면서 말이다. 옆집도 비슷하다. 매해 겨울마다 난방 유지방법에 노하우가 쌓여 올 겨울은 13만 원대 도전에 성공했다. 가끔 아내와 실내온도 때문에 싸우기도 한다. 아내가 추위를 많이 타기 때문인데 아이들 핑계를 댄다. 아이들은 덥다고 이불 다 차고 자는데 아내는 실내에서 파카를 입고 있다. 나는 몸에 열이 많아 내복은 있어도 못 입는다. 반바지에 반팔 티셔츠로도 겨울 걱정을 하지 않는다. 그래서 나는 실내온도를 더 낮추자고 하는데 식구들은 동의하지 않는다. 지금보다 이 집의 난방비가 덜 나오게 해서 난방비 절약되는 좋은 집이라고 광고해야 하는데…… 아내의 대답은?

"아파트 가 봐, 몇 도인가. 24도가 기본이야. 22도면 우린 엄청 절약하는 거야."

책 100권 읽으면
뭐 해줄 거야?

아들이 언제부터인지 건담을 사달라고 성화다.

"웬 건담? 닌자고는 어쩌고?"

친구네 집에서 건담을 보고 그게 너무 멋있어 보였나 보다.

아들과 미션놀이를 하기로 했다. 책을 100권 읽으면 너의 소원을 들어주마!

뭘 하나 해도 의미가 있는 선물이 되기를 바라는 아빠의 마음이랄까, 미션을 통해 가치를 인식하기를 바라는 마음에 아들에게 제안했다. 가끔 나도 미션을 통해 새로운 아이디어를 얻는 경우가 있다. 어찌 보면 아들 덕분에 나의 미션이 시작된 것이다.

아들과 나의 미션은 4년 전부터 시작됐다. 파워레인저 엔진포스. 기왕 장난감 사는 거 한 분야로 선택을 하자고 했다. 어릴적 나의 아버지는 집짓기 블록시리즈만 사주셨다. 일관성 있게 블록도 한 회사 것만 집중적으로 사주셨다. 나중에는 너무 많아 실제 집사이즈만하게 지어도 될 정도였다. 어려서부터 블록으로 집짓기를 하다 보니 지금도 진짜 집 짓기를 계속하고 있고 그래서 땅콩집을 만들었는지도 모른다.

그래서 나도 아들 또래들이 미치게 좋아하는 장난감 파워레인저를 생일 선물로 사주기 시작했다. 시리즈를 모아 놓으니 장남감이지만 포스가 느껴졌다. 이번에는 파워레인저 헬기, 가격이 3만 원이라 큰 부담이 없었다. 아직 돈의 값어치를 잘 모르는 아들에게는 3만 원이라는 가격대가 중요한 게 아니라 헬기 한 아이템을 얻었다는 게 중요했다. 크리스마스 날 또 파워레인저다. 이번엔 트럭. 헬기보다 좀 비싼 5만 원. 크리스마스니깐. 새해 선물도 파워레인저. 이번엔 죠스. 그래도 3만 원이라 트럭보다는 싸다. 어린이날, 유치원 졸업식, 행사 때마다 파워레인저를 선물해주었다. 코끼리, 자동차, 오토바이…… 종류도 가지가지였다. 아이 장남감이 너무 비싸면 경제적으로 부담이 되는데 10만 원이 넘는 토마스기차 시리즈보다 그나마 가격이 착하다.

어느 날 집에 와보니 아들이 자기만한 로봇인형을 가지고 놀고 있었다.

"우리 아들 멋진 로봇 갖고 노네? 이거 친구 거야?"

"아냐, 그동안 아빠가 사준 장난감 합친 거야. 왼쪽 팔은 죠스, 오른쪽 팔은 오토바이. 다리는 코끼리와 자동차. 몸통은 헬기."

아니 이럴 수가! 그동안 모은 파워레인저를 합쳐 새로운 로봇을 만

들었다는 것이다.

우리 아들은 1년을 투자해서 새로운 장난감을 완성한 것이다.

갑자기 좋은 생각이 났다. 이 상황을 건축에 반영한다면 주택을 설계하면서 가졌던 고민에 대한 해법을 찾을 수 있을 것 같았다. 집을 지으면서 항상 부딪히는 문제는 돈이 모자란다는 것이다. 그러면 한 번에 완성품을 기대하지 말고 전체 설계만 해 놓고 시간을 가지고 계속 증축하여 집을 완성하는 것은 어떨까? 우선 급한 대로 금액에 맞게 집을 지어 살고 돈이 생기면 증축하면 되는 것이다. 파워레인저 장난감처럼 완성된 로봇을 사면 돈이 많이 들지만 작은 장난감을 하나하나 사 모으면 나중에 큰 장난감을 만들 수 있는 것처럼 쌈짓돈으로 원하는 것을 얻을 수 있다. 물론 시간이 필요하지만 목돈없이 목적을 완수할 수 있다. 이 아이디어가 죽전 모바일홈의 탄생에 결정적인 역할을 했다. 누가 나에게 건축의 스승이 누구냐고 묻는다면 우리 아들이라고 답할 것이다. 순수함을 떠나 생각하는 수준이 기발하고 상상력은 어른인 내가 도저히 따라갈 수 없다.

우리 집 예쁜 딸이 옆에서 자기도 책읽기를 하겠다고 아들과의 대화에 끼어든다. 우리 딸은 아직 글을 모른다. 그러므로 내가 책을 읽어줘야 한다. 우리 딸에게 책 100권 읽으면 무얼 해줄까?라고 물으니 딸은 망설임도 없이 건담 사달라고 답한다. 건담? 이유는 오빠가 좋아하는 거면 분명히 건담이 맛있는 거라고 생각한 것이다. 아이들을 겨우 설득하고 언제 미션을 완수할지 모르니 그냥 그때 가서 결정하자고 했다. 책 읽기 미션은 계속되고 어느 순간부터 계단에 쌓이는 책

동네 아이들이 놀면서 장난감으로 만든 땅콩집 마을. 미래의 건축가들.

옛날 선녀와 나무꾼이 살다가……
아빠 왜 한 줄 빼먹고 읽어!
아…… 미안해.

들. 왜 계단이지? 아이들은 아빠 눈에 잘 띄는 곳이 계단이라고 판단한 모양이다. 책이 쌓이는 속도가 무서웠다. 언제부터인지 옆에 또 하나의 책탑이 세워지고 있었다. 여섯 살짜리 딸도 100권을 향해서 달리기 시작했다. 딸의 미션이 아닌 나의 미션. 내가 책을 읽어주면 그 책은 곧바로 계단으로 향한다. 내가 이렇게 많이 읽어줬나? 이상하게 책이 쌓이는 속도가 무섭다. 반칙을 하나 싶어 아내에게 물어보니 쌓인 책의 3분의 1은 내가 없을 때 딸이 직접 읽은 것이라고 한다. 아니 언제 글을 배웠지? 어린이집에서 배웠나? 내가 자기 전에 동화책을 3권씩 읽어준 덕택에 어느덧 한글을 깨우치게 됐다고 한다. 책을 읽어주니 한글공부가 따로 필요없이 자연스럽게 글을 배운 것이다. 시간을 들여 꾸준히 노력하면 못할 것이 없다. 특히 아빠의 호흡을 느끼며 듣는 소리는 아이에게 안정감을 주어 정서발달에 도움이 된다고 하니 일석이조다. 책 100권 읽기 미션의 우승자는 당연히 딸이 되었다. 오빠보다도 선물을 빨리 받게 되어 선물을 선택하라고 했지만 딸은 선물을 고르지 않았다. 이유는 나중에 더 큰 걸 갖고 싶을 때까지 기다리는 중이란다. 대학 들어가서 자동차 사달라고 할까 봐 걱정이다. 가끔 빨리 결정하라고, 선물이 도망가 버릴지도 모른다고 말해주지만 소용이 없다.

책 100권 읽기의 교훈은 티끌모아 태산이다. 매일 책 3권을 읽어주니 아이가 한글을 저절로 배운다. 교훈이 이게 끝인가? 아니다. 책 100권 읽기는 역시나 나의 미션이다. 아이들을 통해 인생의 즐거움을 배운다. 아이들과 함께함으로써 오늘도 배운다. 나는 매일 배운다.

아이들과
30분 놀아주기

　　　　　　우리 집에는 좋은 아빠되기 6계명이 있다. 냉장고 문짝, 화장실 거울에 아이들이 종이에 적어서 붙여 놓았다. 목이 말라 물을 먹기 위해 냉장고 문을 열어도 양치질할 때도 좋은 아빠되기 6계명을 꼭 봐야만 한다. 우리 가족이 회의를 통해 만든 것이지만 전적으로 아내와 아이들의 작품이다. 그나마 내가 거부권을 행사해서 10가지가 6가지로 줄었다.

　1. 하루에 한 번 사랑한다 말하기.(이건 거저 먹는 거라 오케이.)

　2. 아이에게 하루에 두 번 전화하기.(이것도 뭐 별 무리없다고 생각.)

　3. 하루에 책 3권 읽어주기.(조금은 힘들지만 1, 2번이 쉬우므로 동의.)

　4. 하루에 30분 놀아주기.(10분으로 조정을 요구했지만 아이들의 성화에

어쩔 수 없이 인정. 우리 딸의 강력한 반대의 말 "10분 가지고 뭘 해?")

5. 하루에 한 번 안아주기.(30분 놀아주기로 타결이 되자 서비스 차원에서, 아내와 아이들이 봐줬다며 하나 추가. 개인적으로 이 부분이 가장 마음에 든다. 하루에 30번도 안아준다. 특히 여보, 내가 매일 안아줄게!)

6. 일주일에 2번 목욕시키기.(30분 놀아주기 다음으로 힘든 일이지만 예전에도 가끔 했던 일이라 쿨하게 오케이!)

두 달 동안의 결과는 참패다. 하루에 두 번 전화하기. 한 번은커녕 두 달 다해서 두 번 했나? 그것도 아내가 전화 안 한다고 해서 한 거였다. 하루에 한 번 사랑한다 말하기? 미안한 얘기지만 한 번도 한 적이 없다. 책 3권 읽어주기는 딸아이가 꼭 챙기는 거라 하는 수 없이 했지만 일주일에 이틀 정도 실천했다. 하루에 한 번 안아주기도 바쁘다는 핑계로 일주일에 한 번이나 했을까? 그것도 술 먹고 아이들 자는데 볼에 뽀뽀하는 정도다. 어릴 적 기억에 나도 아버지가 술 먹고 얼굴에 뽀뽀하는 게 가장 싫었는데 우리 아이들도 술 냄새 난다고 다 싫어한다. 좋은 아빠되기 6계명 때문에 아내는 화가 났고 급기야 이 일로 부부싸움이 났다. 냉장고와 화장실에 붙여 놓은 쪽지는 사라지고 좋은 아빠되기 6계명은 없었던 일이 되었다.

남들에게는 '행복하게 사세요, 집을 지으세요, 가족의 소중한 집을 지어서 행복하게 사세요.' 라고 떠들고 다니면서 정작 나의 가족에게 나는 어떤 존재인가? 땅콩집은 많은 사람들에게 집에 대한 희망과 꿈을 전해줬으며 땅콩집 건축가 이현욱은 아이를 키우는 부모들에게 아파트를 벗어나 누구나 쉽게 마당 있는 집을 지을 수 있는 방법을 찾아준 영웅이라는 기사를 본 적이 있다. 내가 영웅인가? 우리 아이에게 하루에 한 번 사랑한다는 말도 못 해주는 영웅? 아니면 아이들과 30분도 못 놀아주는 영웅? 아내가 나에게 한 말이 자꾸 생각이 난다.

"나는 영웅은 필요없어. 아이들과 같이 행복하게 살 수 있는 아빠가 필요해."

우리 가족에게는 영웅보다 함께 놀아주는 아빠가 필요한 것이다. 돈을 많이 벌고, TV에 자주 나오고 사회적으로 존경을 받는 땅콩집 건축가보다 그냥 평범한 아빠가 필요한 것이다.

그날 밤에 이상한 꿈을 꾸었다. 한 편의 영화와도 같은 아주 무서운 꿈이었다. 꿈속의 나는 늙은 노인의 모습이었다. 손은 쭈글쭈글하고 얼굴의 주름으로 봐서는 일흔 살 할아버지의 모습이다. 머리는 거의 빠지고 남아 있는 머리카락도 하얗다. 그런데 이상하게 이 모습이 어색하지 않다. 정말 이 모습으로 오래 산 사람처럼 친근함까지 느껴졌다. 그 노인 앞에 한 여인이 서 있다. 모습은 분명 아내다. 그런데 나더러 아빠라고 부른다.

"아빠가 해준 게 뭐가 있어요? 왜 내 인생을 더 비참하게 만드세요. 내 인생은 내가 알아서 해요."

나를 아빠라고 부르는 걸 보니 분명 딸 은세다. 아내는 보이지 않았다. 내가 죽은 걸까? 그런 생각이 드는 이유는 나의 몰골이 마치 아내 없이 오래 산 홀아비 꼴이었다. 아내는 항상 아침이면 그날 입을 옷을 챙겨주었는데 꿈속에서 내가 입고 있는 셔츠랑 바지 색깔이 내가 봐도 영 이상하기 짝이 없다.

"은세야! 아빠가 다 너를 위해 이러는 거 아니니? 그 남자는 안 된다. 이 세상에 많은 남자 중에 왜 하필 그 놈이니? 내가 너를 어떻게 키웠는데, 나는 너를 위해 인생을 다 바쳤다."

딸의 어깨를 잡고 설득해보지만 딸의 얼굴을 보니 냉랭하기만 했다.

"아빠가 저한테 뭘 해줬는데요? 내가 어려울 때, 내가 힘들 때, 아빠가 필요할 때 아빠는 없었어요. 아빠는 돈 버느라 평생을 허비했어요. 그래서 엄마가 떠난 거예요. 아직도 모르세요? 인생에는 성공이, 돈이 중요한 게 아니고 내 옆에 있어줄 사람이 필요하다구요. 그 사람은 능력은 없지만 나를 사랑하고 내가 필요할 때 내 옆에 있어줄 사람이에요. 아빠보다 백 배 좋은 사람이에요. 욕하지 마세요."

꿈속에서 아내와 나는 아마 이혼을 했나 보다.

'그래, 지금이 소중해.'

"은세야, 아빠가 대학도 보내주고 예쁜 옷도 사주고 독립한다고 해서 모자라는 전셋돈도 보태주고 이렇게 열심히 사는 아빠 가슴에 상처를 주는 얘기를 하니? 이번만은 아빠 말 들어."

대화가 안 된다고 생각했는지 결국 딸 은세는 집을 뛰쳐나갔다. 나는 다리가 아픈지 쩔뚝거리면서 쫓아가보지만 딸은 벌써 시야에서 사라지고 없었다. 뒤를 돌아서 집쪽으로 몸을 돌리는 순간, 아니 이럴 수가? '옆집이 없다.' 왼쪽에 우리 집은 있는데 오른쪽 친구 집이 없다. 집이 통째로 사라지고 바닥 콘크리트만 남아 있었다. 바닥을 보니 예전에는 집이 있었던 흔적이 있긴 했다. 내가 만든 땅콩집. 이제는 내 모습과 같은 초라한 집 한 채뿐이다. 그 모습에 놀라 "안 돼!" 비명

을 지르며 꿈에서 깨어났다.

삼류 드라마 같은 꿈에서 깨어난 나에게 아내는 무슨 일이냐고, 무슨 꿈이냐고 물었지만 미친개한테 물리는 꿈이라고 둘러댔다.

다음 날 아침 일어나서도 간밤의 꿈이 자꾸 생각이 났다. 아이들에게 달려가 오늘 일찍 집에 들어와 30분, 아니 1시간 놀아준다고 다짐을 했다. 아이들은 기다려주지 않는다. 중학생만 돼도 친구랑 놀지 부모랑 놀지 않는다. 그때 가서 놀아준다고 난리를 쳐도 소용이 없다. 지금 이 순간 아이들과 신나게 놀아주자. 돈은 다음에 벌자. 지금 당장 아이와 30분 놀아주기가 더 중요하다.

그날 저녁, 회사에서 돌아와 아이들과 함께 다락방에 올라가 30분을 놀았다. 그냥 다락방에서 셋이서 빙글빙글 돌았다. 아이들은 도망가고 나는 쫓아가고. "아빠는 좀비다 너를 잡아먹겠다." 하면서 손을 들고 입을 벌리고 쫓아다닌 게 전부였다. 하지만 아이들은 너무 행복해했다. 뭐가 그렇게 재미있는지 아들과 딸은 깔깔거리며 배를 잡고 웃었다. 아이들이 원하는 것은 바로 이런 소소한 행복이다.

세상에서 가장 힘든 일이라고 생각한 '아이들과 30분 놀아주기'는 어쩌면 세상에서 가장 쉬운 일인지도 모른다.

우리 집은
옆집이 지켜준다

집을 선택하는 과정에서 주부들의 가장 큰 고민은 가족의 안전이다. 단독주택은 아무래도 방범 면에서는 취약하다고 생각한다. 맞는 말이다. 그럼 아파트는 안전한가? 경비실도 있고 출입구의 비밀번호를 모르면 문이 열리지 않아 안전해 보인다. 과연 이중, 삼중의 안전장치가 가족의 안전을 철저히 보장해줄 수 있을까? 출입구 비밀번호는 중국집 오토바이 배달원도 쉽게 알 수 있다. 만약에 비밀번호를 모르면 경비실로 호출해서 몇 호 친구라고 하면 열어준다. 그래도 문이나 승강기마다 CCTV가 설치되어 있어 안전하다고 하지만, 이것도 추후 사고에 대비하는 정도일 뿐, 범죄를 사전에 막기에는 역부족이다. 다행히 도움을 청하면 달려오는 경비실 시스템이 있기 때문에 심리적으로 안정감을 가질 수는 있다. 미국의 경우는 어떠한가? 특히 단독주택이 대부분인 주거시설에서의 방범은 어떠한가? 의외로 간단하다. 모르는 사람이 문을 열고 들어오면 총을 쏘면 그만이다. 미국에서는 사람을 죽여도 정당방위이면 처벌을 받지 않는다. 강력범죄는 몰라도 좀도둑은 거의 없다. 목숨을 내놓고 남의 집에 침입해 돈도 안 되는 물건을 훔치는 바보는 없다.

그럼 우리나라는? 미국과는 달리 우리는 총을 지닐 수 없다. 그래서 땅콩집을 지을 때 사설 방범업체를 이용하기로 했다. 창문에 검은색 감지기를 달아서 누가 창문을 열거나 건드리면 벨이 울리고 방범업체 경비차량이 출동한다. 그리고 여행을 떠나도 시스템을 작동시키면 문제가 생겼을 때 경비 차량이 출동해서 집을 지켜준다. 다 좋은데 월 경비비용이 한 집에 8만 8천 원이라는 게 문제다. 그나마 우리는 기계장치를 직접 구입했기 때문에 저렴한 거지 경비장비까지 임대하면 월 13만2천 원이다. 아파트 관리비에도 경비비가 포함되어 있는 것을 생각하면 마찬가지긴 하지만 다가구인 아파트보다는 아무래도 경비비용이 많이 비싸다. 그럼 돈 투자대비 효과는 있는 걸까? 땅콩집에 이사온 지 2년 만에 사용을 하지 않게 되었고 결국에 2년 반 만에 해약을 했다. 늦게 해약한 이유는 3년 약정이라 해약금이 아까워 버티다 해약금이 없어지는 달에 해약을 한 것이다. 경비시스템 사용을 안 한 이유는 번거로워서이다. 비오는 어느 날 바람이 불고 천둥이 치는 새벽 3시, 갑자기 경비 벨이 울리기 시작했다. 스피커에서 '외부에서 침입, 침입' 소리가 요란하게 울렸다. 아내와 나는 너무 놀라 벌떡 일어났고 아내는 몽둥이를 들고 내려가 보라고 내 등을 떠밀었다.

신기한 게 사이렌이 그렇게 요란하게 울리는데도 아이들은 절대로 일어나지 않았다. 경비차량이 5분 만에 출동했고 외부창문과 벽체를 점검한 후에야 침입경고를 해제했다.

"무슨 문제가 있나요? 누가 창문을 건드렸나요? 도둑인가요?"

한밤중에 달려온 경비기사의 얼굴이 피곤해 보였지만 원인이 궁금해서 꼬치꼬치 물었다.

"잘 모르지만 현재로서는 이상이 없습니다."

"그럼 왜 울린 거죠? 그냥 자도 되나요?"

"가능성은 여러 가지 있습니다. 도둑고양이가 감지기를 건드렸을 수도 있고 바람에 나뭇가지가 흔들려 건드릴 수도 있고 번개에 의해 가끔 오작동도 일어납니다. 이제는 안심하시고 주무셔도 됩니다."

나는 못마땅한 표정으로 알았다며 문을 닫았다. 새벽 3시에 이 무슨 난리인가? 다음 날 아침에 일어나 창문 근처에 있는 나뭇가지를 모두 베어 버렸다. 졸린 눈을 비비며 이런 일이 다시 일어나지 않기를 기대하며 열심히 나뭇가지를 잘라냈다. 나뭇가지를 아주 확실히 잘라냈는데 그 다음 날 경비 경보가 또 울렸다. 이후 이상하게 보름에 한 번 정도, 그것도 새벽에 경비 경보가 울렸다. 옆집과 저녁을 먹다 방범에 대해 얘기가 나와 물어보니 우리와 같은 처지였다. 그래서 옆집은 이미 3개월 전부터 사용을 하지 않는다고 했다.

"그냥 자면 무섭지 않으세요? 오작동이 나도 경계를 하고 자는 게 낫지 않아요?"

옆집 재모 엄마는 한참 잘 자다가 사이렌이 울려서 잠을 깨는 게 더 무섭다고 했다. 그냥 경계를 안 하는 게 마음이 편해졌고, 살다보니 단독주택이 아파트보다 방범이 취약하다는 생각은 들지 않는다는 것이다. 어쩌다 아파트 사는 친구 집에 놀러갈 때면 승강기 안이나, 지하주차장에 차를 세울 때가 더 무섭다고 한다.

땅콩집은 방범의 사각지대가 아예 없다. 낮에는 현관문이 항상 열려 있고 마당은 온 동네 아이들의 운동장으로 변한 지 오래다. 이상하게 우리 아이들은 현관문을 잘 닫지 않는다. 여름이나 겨울이나 마찬가지다. 겨울에 2층에서 1층으로 내려와서 보면 현관문이 열려 있어 실내온도가 많이 떨어져 있다. 투덜거리며 문을 닫는 일이 종종 있다.

"꼬리가 왜 이렇게 길어? 난방비 아까워라."

우리 집 현관문 비밀번호를 옆집이 안다. 급하게 외출하거나 택배가 오면 서로 받아주고 집을 관리해준다. 옆집과 우리 집은 한집으로 서로 아끼고 같이 관리를 한다.

방범에 관한 상황이 우리 집만 이런 줄 알았더니 다른 집도 처음에 설치했다가 대부분 2년 만에 해약하는 경우가 많다고 한다. 그럼 창문에 걸려 있는 감지기는? 문에 달린 보안푯말은 철거하기도 귀찮고 혹시나 도움이 될까 하는 생각에 그냥 붙여둔 것이다. 이 경험을 집 설계 중 건축주에게 얘기해주지만 처음에 방범을 안 하는 가족은 별로 없다. 대부분 기본적으로 방범 시스템을 설치한다. 아마도 2년 지나면 그때 가서야 내 경험담이 떠오를 것이다.

소통을 하자. 이웃과 왕래를 자주하자. 담을 헐고 문을 열자. 담이 높으면 도둑이 못 넘어오는 게 아니라 숨을 공간을 제공하는 것이다.

내 마당이 동네 마당이라면 도둑은 절대 들어오지 못한다. 동네 사람들이 서로를 알고 친하게 지낸다면 방범은 필요없다. 옆집 아이도 우리 아이처럼 지켜주고 봐주면 이상한 사람은 이 동네에 들어올 수 없다. 아마 이렇게 얘기할 것이다. "무슨 동네가 이래?"라고. 예전 어린 시절 우리 마을처럼 되면 좋겠다. 옆집 숟가락이 몇 개인지는 모르지만 옆집 아이의 이름이 무엇인지, 몇 살인지, 아이가 몇인지는 알고 살자. 이웃을 우리 집에 초대하고 이웃집으로 자주 놀러다니며 살아가면 방범이 과연 필요할까 싶은 생각이 들었다.

우리 집은 옆집이 지켜준다.

엄마, 뒷동산에
눈썰매 타러 가요!

우리 동네 아이들은 눈이 내리면 모이는 장소가 있다. 뒷동산이다. 그것도 각자 눈썰매를 들고 나타난다. 노란색, 빨간색, 녹색 등 무지개 색깔의 눈썰매를 타고 산에서 아래로 내려온다. 멀리서 보면 눈썰매장이라도 개장한 것처럼 보인다. 물론 우리 딸도 썰매를 타고 내려오는 재미에 땀을 뻘뻘 흘리면서 썰매를 끌고 언덕을 올라간다. 1시간 정도 지나면 아이들은 옷을 하나씩 벗기 시작한다. 우선 마스크부터, 그리고 모자 그다음은 점퍼를 벗어 던지고 산 밑으로 몸을 날린다. 주변에 보호장치들이 없어 위험해 보이지만 경사가 그렇게 심하지 않아 다치는 아이는 없다. 처음에는 걱정이 돼서 같이 온 부모들이 지켜보지만 아이들이 노는 모습을 보고 하나둘씩 사라진다. 구경하다 지쳐 집에 가자고 아이의 손을 끌지만 결국 엄마의 손을 뿌리치고 산을 오른다. 이번 한 번만 더 타고 집에 가자고 하지만 약속을 지키는 아이는 없다.

나도 지쳐 다음에 시설이 좋은 홍천 눈썰매장으로 놀러가자고 아이들을 설득하지만 역시나 소용이 없다. 아들은 한술 더 떠서 먼저 집에 가 있다가 1시간 뒤에 오라며 나를 설득한다. 우리 집 다락방에 올라가면 북측 창으로 아이들이 눈썰매 타는 곳이 보인다. 나는 다락방에서 편히 앉아 아이들을 볼 생각으로 안심하고 집으로 향했다. 걸어서 1분 만에 집에 들어가니 아내는 아이들을 두고 왔다며 다시 가란다.

"괜찮아, 아무 일 없어, 1시간 뒤에 갈게." 라고 말했지만 아내는 계속 잔소리를 했다. 아이들이 눈썰매 타는 거 보고 있는 게 그렇게 힘드냐고 한다. 하는 수 없이 집을 나와 다시 아이들이 놀고 있는 뒷동산으로 향했다. 자세히 보니 내가 모르는 아이들도 있는데 아이들끼리는 친해 보였다. 뭐가 그리 좋은지 깔깔 웃어댄다. 썰매를 타다가 심심하면 눈싸움도 하고 썰매 하나에 두 명씩 타고 시합도 하고 온갖 방법으로 신나게 놀고 있었다. 내려가는 길이 별로 재미없는지 눈을 모아 둔턱을 만들어서 코스의 변화를 주면서 타기도 한다. 우리 아들은 공부는 몰라도 노는 방법에 대해서는 아마 대한민국에서 선두주자일 것이다. 그래서 시설은 좋지만 정해진 규칙으로 썰매를 타야만 하는 눈썰매장을 싫어하나 보다. 맞아! 기억을 더듬어보면 나도 어릴 때 썰매를 비닐 부대자루만으로 타지 않았다. 처음에는 비닐 부대자루로 탔다가 다음 날은 재미가 없어 플라스틱 파이프를 불에 휘어서 탔고 그다음에는 종이박스와 나무판자로 타기도 했다. 우리는 누가 빨리

내려가나 시합을 했으므로 썰매의 재료는 계속 달라졌다. 다른 친구를 이기기 위해서는 새로운 재료가 필요했기 때문에 집에 가서 뭐 빨리 내려가는 거 없나? 하고 주위를 살폈다. 부엌에 가보니 고무대야가 보였다. 옳지 저거야! 엄마 몰래 하나 챙겨서 신나게 타고 있을 친구들을 향해 뛰었다. 숨을 할딱이며 다시 붙자고 시합을 권했다. 친구는 비닐장판으로 절대강자에 올라 있는 상태. 이 고무대야로 오늘 내가 눈썰매 강자로 다시 태어날 것이다. "자 다 덤벼." 소리치며 대야에 몸을 실어 산 밑으로 향했다. 하지만 기대와는 달리 빙글빙글 돌다가 엎어져 뒷동산 눈썰매장의 반을 굴러 입술은 찢어져 피가 흐르고 고무대야는 두 동강이 났다. 입술에 피가 나는 건 관심이 없고 망가진 대야가 더 걱정됐다. 이를 어쩌지? 고민하다 우선 집으로 몰래 들어가 원래 있던 곳에 대야를 잘 붙여 놓고 다시 썰매장으로 달아났다. 두 동강 난 대야는 잊은 채 친구들과 하루 종일 썰매를 탔다. 해가 지고 밤이 깊어 더 이상 시야가 안 보일 때쯤 우리들은 뒷동산에서 내려왔다. 집에 오니 엄마는 누가 고무대야를 이렇게 반토막 냈냐며 동생을 몰아붙이고 있었다. 동생은 절대 자기는 아니라며, 억울하다고 믿어달라고 하소연을 하지만 분위기는 여동생의 짓으로 굳어지는 눈치였다. 동생은 억울한지 오빠가 그런 거라고 우기지만 나는 하루 종일 밖에 있었다고 딱 잡아뗐다. 이 말에 화가 난 엄마는 빗자루로 동생의 엉덩이를 때렸다.

동생에게 미안했지만 그 상황에서 내가 그랬다고 나설 수가 없어 그냥 내 방으로 들어가 조용히 책을 봤다. 지금 생각하면 비겁한 짓이었지만 그날은 비겁한 오빠가 되기로 한 거다. 억울한 동생은 울면서 지쳐서 잠들었다. 미안한 나는 동생에게 다음 날 뽑기를 하나 사주기로 결심하고 잠이 들었다. 다음 날 뽑기를 사주자 동생은 영문도 모른 채 오빠가 웬일이냐며 어제 일은 잊어버리고 즐거워했다. 아마 지금 뒷동산에서 열심히 썰매를 타는 이 아이들의 마음도 어릴 때의 나와 같을 것이다.

시대는 변했지만 사람이 느끼는 감정은 똑같다. 너무 재미있어 죽을 것 같은 표정은 어릴 적 내 모습과 똑같다. 친구들의 깔깔거리는 웃음은 그때 내 친구들의 웃음소리랑 똑같다. 누가 요즘 아이들이 변했다고 했나? 누가 요즘 아이들이 정서적으로 문제가 많고 인간적이지 못하다고 했나? 누가 요즘 아이들이 계산적이고 친구를 사귈 줄 모르고 놀 줄을 모른다고 했나? 그런 말을 한 분은 우리 동네 뒷동산 눈썰매장으로 와서 아이들이 노는 모습을 봐야 할 것이다.

한 시간이 지났을까? 드디어 아이들이 플라스틱 썰매를 버리고 다른 재료를 찾기 시작한다. 옆에 버려진 종이박스를 타기 시작하더니 종이박스가 찢어져 중턱에서 두 놈이 넘어져 쓰러진다. 뭐가 그렇게 재미있는지 서로의 얼굴을 보고 깔깔 웃으며 썰매장을 뒹군다. 그 모습을 보고 있는 친구들도 다 같이 배를 잡고 웃는다. 아이들이 노는 모습을 멀리서 보고 있던 나도 어느새 배를 잡고 웃고 있다.

현욱아
일어나야지!

"안녕하세요? 소장님. 서울문화재단입니다. 문화서울이라고 월마다 잡지가 나옵니다. 서울의 주거문화에 대해 원고 부탁드립니다."

"전 용인시에 사는 용인시민인데요?"

"괜찮아요. 워낙 주거문제에 해박하시니깐 서울주거에 대해 써 주시면 됩니다."

"서울도시설계 실패, 재개발, 재건축 문제, 아파트값 폭락 뭐 이런 거 쓰면 되나요?"

"아뇨. 부정적인 거 말고 이왕이면 긍정적인 서울의 주거문화에 대해 써주세요."

"좋은 방향이라…… 뭐 별로 없는데요? 어떡하죠?"

원고 청탁에 응하고 전화를 끊고 나니 고민이 되었다. 뭘 쓰지? 서울시 주거정책이 마음에 들지 않으니 부정적인 견해밖에 생각이 나지 않았다. 재개발, 재건축을 반대하는 입장에서 기존의 집들을 보수하고 필요한 주차장과 공원을 확보해가는 재생프로젝트를 주장하는 건축가로서 무슨 말을 써야 할지 고민이었다. 다시 또 어릴 적 생각이 났다. 그곳에서 태어나지는 않았지만 어린시절을 보낸 서래마을이 떠올랐다.

"현욱아 일어나야지! 오늘 이사가는 날이잖아? 네가 아주 좋아할 동네야. 개구리도 있고, 메뚜기도 있고 산에는 박쥐동굴도 많아. 어서 빨리 일어나."

초등학교 4학년 때의 일이다. 홍은동에서 보낸 어린시절을 빼고는 내내 아파트에 살다가 단독주택으로 이사가는 날이었다. 반포고속터미널을 중심으로 2년마다 이사했던 기억밖에 없는 나에게 단독주택으로 이사가는 건 꿈같은 일이었다. 당시 부모님은 강남개발에 발을 맞춰 2년마다 이사를 했다. 2년마다 좀더 넓은 평수의 아파트로 이사를 가면서 조금씩 생활도 윤택해졌다. 이삿짐을 다 싸고 출발해서 10분 만에 도착한 곳은 완벽한 시골풍경의 동네였다. 집보다는 논, 밭이 많았다. 그런데 그곳도 반포였다. 반포에 이런 곳이 있다니 너무 신기했다. 배산임수가 거꾸로인 동네. 남쪽에 산이 둘러싸여 있고 북쪽으로는 하천이 있어 개발이 어려운 동네. 학교에 가기 위해선 하천 위로 구름다리를 건너야 했다. 비가 오면 다리가 끊겨 학교에 갈 수 없었던 아주 훌륭한(?) 동네였다. 학교가 파하면 선생님의 인도하에 흔들거리는 위험한 다리를 조심조심 건너다녔다.

저녁 5시만 되어도 박쥐들이 떼를 지어 날아다니고 논, 밭에 개구리며 메뚜기가 지천이었다. 아파트에서 놀이터가 전부였던 일상에 비하면 그곳은 그대로 톰 소여의 모험이었다.

"아빠! 너무 고맙고요. 게임기보다 훨씬 좋아요."

동생은 이 동네가 너무 더럽다고 싫어했지만 나의 탐험은 그때부터 시작됐다. 아침에 눈을 뜨면서부터 동네친구들과 어울려 뒷동산을 올랐다. 웬 동굴이 그리 많은지 한 달을 꼬박 탐험해도 새로운 굴을 또 만날 수 있었다. 박쥐동굴, 여우동굴, 북한군동굴, 거지동굴.

사실 아버지는 이 동네로 이사온 것을 너무 미안해했다. 사업에 실패하고 아파트는 은행으로 넘어갔다. 학교를 옮기기 어려워 전세가 싼 가까운 동네로 이사한 것이었다.

이사한 날 저녁, "1년만 고생하자. 빨리 회사를 일으켜서 좋은 동네로 이사를 가자."며 아버지는 다짐했다. 인생은 참 알 수 없는 것이다. 아버지의 사업실패가 나의 삶을 풍부하게 만들 줄이야. 가정형편은 어려워졌지만 그곳에서 나는 인생 최고의 절정기를 보낼 수 있었다. 동생은 그 동네에 사는 게 부끄러웠는지 빙글빙글 돌아서 학교에 갔다. 구름다리를 건너가면 20분이면 갈 학교를 1시간을 걸었다. 나도 한 달인가 둘러 다니다가 동네 친구들과 친해지면서 그냥 다리를 건너 학교에 갔다. 그 동네 친구들은 특징이 있었다. 학교에서도 티가 났다. 우선 콧물을 질질 흘린다. 손톱에 때가 끼고 운동화가 아닌 고무신을 신었으며, 옷에는 항상 흙이 묻어 있다. 처음에는 왜 이 친구들은 더럽게 콧물을 흘리나 궁금했는데 어느 순간 친구들 옆에 똑같이 콧물을 흘리며 같이 웃고 있는 나를 발견했다. 이렇게 변하는 게 당연했다. 온종일 추운 겨울에도 밖에서 뛰노니 코밑이 성할 리가 있겠는가. 흐르는 콧물을 연신 닦아내느라 오른쪽 팔소매는 항상 딱딱하게 굳었다. 흙을 만지고 노니 당연히 옷에 흙을 묻히고 다녔으며 손톱에는 때가 낄 수밖에 없었다.

동굴탐험 놀이가 지루해질 때쯤에는 논에 가서 개구리를 잡아 구워 먹었다. 뒷다리가 어쩜 그리 맛있던지. 과자가 먹고 싶으면 메뚜기를 잡아 구워 먹었다. 가을이면 들판에서 깡통을 구해 불놀이를 하고 놀았다. 이것도 지겨우면 들판이 아닌 뒷산에 올라가서 불놀이하다 산을 홀라당 태우기도 했다. 눈이 오면 쌀부대를 구해 눈썰매를 탔다. 이것도 지겨우면 플라스틱 파이프 반을 잘라 앞부분을 불로 그슬려 구부린 다음 스키를 즐겼다. 논밭이 얼면 막대기를 하나씩 구해 아이스하키를 했다. 길 하나 사이로 프랑스마을이 생겨났는데 거기 사는 아이들과 대화는 불가능했지만 같이 아이스하키를 하며 국가 대항전을 벌이기도 했다. 저쪽은 진짜 스틱, 우리는 그냥 막대기. 그래도 우리는 마냥 즐거웠다. 그날 저녁밥을 먹으며 "엄마 내가 프랑스를 이겼어."라고 하자 엄마는 무슨 소리냐며 밥이나 먹으라고 성화했다.

얼마나 어려운 상황이었을까. 경제적으로도 그랬겠지만 아마도 부모님은 좌절과 절망으로 심리적으로도 많이 지쳐 있었으리라. 그런데 어린 나에게 그 시간들은 대단한 선물이었다. 모든 게 공짜였다. 자연이 주는 무한한 선물.

아버지의 약속은 지켜지지 못했다. 1년이 지나고 어느덧 6년이 흘렀고 급기야 이민을 결정하게 되었다. 나는 아주 먼 나라로 떠나게 되었다. 그 재미난 것들을 다 놔두고 가려니 아쉽고 또 아쉬웠던 기억이 난다. 좋은 장난감도 고급 과자도 없었던 어린시절이지만 나에겐 추억이 한가득이었다. 그때는 구름과 개구리와 메뚜기, 친구들만 있으면 그만이었다. 아버지의 미안함은 나에겐 고마움으로 남아 있다. 여우동굴 자리에 대법원이 들어오고, 북한군동굴 자리에는 국립도서관이 들어섰다. 구름다리는 4차선 다리로 바뀌었고, 주변의 5층짜리 아파트는 40층 아파트로 재건축이 되었다. 학교 운동장에는 잔디가 깔렸고, 길 건너 프랑스마을은 고급빌라 단지로, 동네 논밭도 고급빌라와 카페 촌으로 바뀌었다. 모두가 부자가 되었다. 너무 부자 동네가 되어서 지금 나는 그 동네에 갈 수가 없다.

다행히 대규모 아파트 재개발은 없었다. 일반적으로, 저층주거단지를 아파트로 재개발하면 세대수가 늘어나고 주거환경이 좋아질 거라 예상하지만 결과가 딱히 그렇지는 않다. 집이 고층으로 올라가 세대수가 늘어난 것처럼 보이지만 가구 수는 그대로다. 고층으로 올라가다 보니 건물과 건물 사이가 넓고 공원도 있어 주거환경이 쾌적한 것처럼 보이지만 이런 공간은 휴먼스케일이 아니다. 휴먼스케일이란 인간이 인지할 수 있는 한계공간을 말한다. 이 공간을 벗어나면 쉽게 안정할 수 없는, 불안정한 일상을 살게 된다. 대부분의 사람들은 아파트를 사서 집장만을 해도 내 집 같은 온화함과 따뜻함을 잘 느끼지 못한다. 맞지 않는 옷을 입고 있는 불편함을 느낀다. 그래서 자꾸 이사를

이 골목길이 살아 있어서 좋다.
아이들에게 내가 어려서 놀던 골목길이라고 설명할 수 있어서 좋다.

간다.

서래마을에 가 보니 지금은 어린시절에 있었던 단독주택들은 사라졌지만 고급빌라들 사이로 골목길은 그대로다. 친구들과 축구하던 골목길, 구슬치기하던 놀이터도 남아 있다. 동네 빵집도 이름만 바뀌었지 그 상가 그 자리에 남아 있다. 쥐불놀이하던 뒷동산에는 산책로가 만들어졌다. 내가 불을 내 동네를 발칵 뒤집어놨던 그 언덕에서 내 아이들과 함께 산책을 했다.

"한세야. 이곳이 아빠가 불장난하던 곳이야!"

"오, 재미있었겠다. 나도 해도 돼?"

지금 생각해보면 내가 살던 이 동네의 추억으로 땅콩집을 만들게 된 것 같다. 그 추억 때문에 〈두 남자의 집짓기〉 책을 쓰고 강연을 하면서 많은 부모들에게 아이들을 학원에 보내지 말고, 추억을 만들 수 있는 집을 지으라고 띠드는지도 모른다. 아파트재개발, 재건축이 서울의 유일한 주거방식이 아니라고 말이다.

지금은 아버지가 이 세상에 안 계시지만 매일 아침 힘들어 지친 나를 깨우는 목소리가 생생하게 들리는 듯하다.

"현욱아, 일어나야지!"

아내의
눈물

　　　　　　땅콩집의 탄생배경을 보면 아내의 눈물을 이야
기하지 않을 수 없다. 나는 집에 대한 철학이 있다. 건축을 전문으로
하는 직업정신이 투철해, 모든 주택에 다 살아봐야 한다는 '잘못된' 철
학이 있다. 어떤 이는 꼭 살아봐야 아냐고 말한다. 살아봐야 아냐고?
난 머리가 나빠 꼭 살아봐야 한다. 혼자 사는 건 소용이 없다. 아내랑
결혼해서 살아야 진정한 실험이 된다. 그래서 결혼이 어려웠다. 맞선
을 보면 항상 물었다. 결혼하면 1년은 어머니집에서 같이 살아야 한다
는 조건이 붙었다. 물론 돈도 없었다. 결과는 항상 꽝! 짚신도 짝이 있
다는데 어딘가 있겠지, 이 지구상 어딘가에 있을 거란 믿음. 바로 나
의 짝을 영덕에서 찾았다. 지금의 아내도 조건이 있다는 게 마음에 안
들었지만 그보다 나를 사랑해서 결혼했다.

어머니 집은 8년 된 43평 아파트 14층 중에 맨 위층이다. 결혼을 하고 인테리어를 해서 같이 1년을 살았다. 대가족이 사는 공간이 궁금해서였다. 어머니, 여동생, 나, 아내, 갓 태어난 아들. 그야말로 최악의 조건이었다. 시어머니에 시누이. 이 문제는 건축이 아무리 훌륭해도 해결할 수 없다는 걸 알았다.

1년이 지나고 드디어 독립해 문래동에 오피스텔을 얻었다. 24평 오피스텔. 전용면적은 18평. 방 2개. 거실, 주방. 생각보다 작았다. 그나마 아이가 하나고 어려서 상관은 없었다. 아내는 우리끼리 살게 되니 너무 행복해했다. 독립해서 딱 1년을 살았다. 오피스텔 분석이 끝났다. 오피스텔은 사람이 골병드는 주거방식이다. 옆집은 있지만 이웃이 될 수 없는 구조다. 복비를 내가 물고 결국 1년 만에 이사를 했다.

이번엔 반포동의 27년 넘은 21평 아파트. 역시나 복도를 빼고 나면 남는 게 없는지 방 하나에 거실, 주방이 끝이다. 그 집에 사는 동안 우리 첫째는 아랫집에 마귀할멈이 사는 줄 알았다. 집 안에서 조금만 움직여도 아래층에서 올라왔다. 움직이지 말라고 딸이 고3이라고. 도무지 사람이 살 수가 없다. 다시 4개월 만에 이사를 결정. 움직이지 말라니? 어떻게 살라고? 뒤도 보지 않고 이사를 했다.

아파트에 질려서 이번에는 옥인동 다세대주택 15평집으로 이사했다. 우선 동네가 마음에 들었고 직장이 가까웠다. 출근시간 15분. 아침에 연속극을 보고 출근할 수 있었다. 옥상에 올라가면 인왕산, 북악산, 남산이 다 보였다. 경치 좋고 공기 좋은 이 집에서 둘째가 태어났다. 이때 나는 결정했다. 주거의 최종 목적지는 역시 단독주택이라고.

"여보, 우리 땅 사서 단독주택 지어서 살자. 마당 있는 집에서 애 들 키우고 살자."

아내는 하도 이사를 해서 짐도 잘 싼다.

땅값이 그나마 싼 용인 죽전에 모바일홈을 지어 이사를 했다. 땅은 100평인데 돈이 없어 17평만 지어서 살았다. 그것도 들고 다니는 집. 집을 들고 다니다 보니 단열에 문제가 생겼다. 난방비는 100만 원이 넘게 나오고 겨울이면 아침마다 화장실 변기 물이 얼어 뜨거운 물로 녹여서 사용했다. 여름에는 너무 더워 백화점에 가서 살았다. 죽전집에서 겨울을 두 번 지냈다. 집이 너무 추워서 아내와 나는 항상 둘이 꼭 껴안고 살았다. 이곳에서 단열을 공부하고 에너지에 대해 공부하기 시작해 나의 인생이 바뀌었다.

그다음은 동백에 땅을 사서 단열에 목숨을 걸어 설계를 하고 시공을 했다. 벽두께 40cm. 성공이었다.

"여보, 이번에는 확실해. 걱정 마."

아내도 60평짜리 이 집을 좋아했다. 여름에 시원하고 겨울에는 따뜻했다. 문제는 집이 너무 컸다.

"여보 오늘 뭐했어?"

"음 다락부터 1층까지 청소하고 나니 해가 졌어."

저녁 식탁에서 나눈 대화의 결과는 집이 너무 커서 하루 종일 청소만 했고 너무 힘들어서 청소도우미를 일주일에 이틀만 부르겠다는 것이다.

"이사가자."

청소도 힘들었고 빚도 많아 이 집에서 6개월 만에 나올 수밖에 없었다. 죽전 33평 아파트로 이사했다. 일반 부부들이 많이 사는 33평 아파트. 이 집에 살면서 관리비를 분석했다. 33평 아파트에 살면서 단독주택의 기준을 생각했다. 이 정도 관리비가 단독주택 관리비의 목표다.

단열을 공부하다 보니 당연히 목조주택을 알게 되었다. 벽이 얇아도 단열이 우수하고 친환경건축인 목조주택에 관심이 갔다. 목조주택이 많은 캐나다에도 두 번 다녀왔다. 캐나다의 6층 공동주택은 대부분이 목조건물이다. 집 짓기도 시간이 오래 걸리지 않는다. 공장에서 미리 만들어서 현장에서 조립하니 나의 꿈인 모바일홈이 점점 가시화되어갔다. 드디어 우리나라 최초로 남양주에 4층 목조주택을 완성했다.

물론 캐나다 수퍼바이저가 와서 도와줬고 공사기간도 계획보다는 두 배 이상 걸렸지만 공사하는 동안 땅콩집을 스케치해갔다. 드디어 기회가 왔다. 친구를 찾고 땅을 구하고 설계에 들어갔다. 설계기간 3개월 동안 준비할 게 많았다. 공사기간도 한 달이라 모든 계획을 완벽하게 세운 다음 진행해야 했다. 매일 밤을 새면서 도면을 수정하고 설계를 마무리했다.

하도 이사를 자주 하니 아내도 이 집이 마지막이라고 했다.

아내와 결혼해서 7년 동안 8가지의 다른 형태의 집에서 살아온 걸 적어 보았다.

아파트 – 마포 아파트(어머니집) 43평

오피스텔 – 문래동 오피스텔 24평

아파트 – 반포동 복도식 아파트 21평

다세대주택 – 옥인동 15평

단독주택 – 용인 죽전 모바일홈 17평

단독주택 – 용인 동백 아이올라 60평

아파트 – 용인 죽전 아파트 33평

단독주택 – 땅콩집

　내가 "짐 싸!"라고 할 때마다 아내는 하염없이 울었다. 건축가의 아내로서 이해는 하면서도 늘 눈물을 쏟았다.

　남편에게 필요한 공부니까 어쩔 수 없이 이해해주지만 무지 속상한가 보다. 그 모습을 나도 차마 더이상은 볼 수가 없다. 지금까지 나를 믿고 따라준 아내에게 모든 공을 돌린다.

　"사랑해. 여보!"

나 는 마 당 있 는 작 은 집 에 산 다

모기장 뚫고
하이킥

아이들에게 가장 필요한 건 분수가 나오는 광장이 아니라 항상,
지금 당장 거실에서 밖으로 뛰어나갈 수 있는 마당이다.
작아도 거실과 바로 연결된 마당이면 아이들에게는 천국이다.
모기장 뚫고 나간 모습을 보지 못한 사람은 잘 모른다.
얼마나 황당하고 신기한지. 그리고 안 뚫어본 사람은 모른다.
얼마나 재미있는지.

왜 이름이
땅콩집이야?

　　　　　　건축가들은 집을 지어놓고 나서 이름 짓기를 좋
이한다. 예를 들이 무이동無異同은 땅콩집 구조이면시 두 집이 닮은 듯
다른 집이라는 뜻이다. 삼대헌三代軒은 부모님을 모시고 아이들과 같이
삼대가 사는 집이다.

　대부분 집 이름을 처음 들으면 무슨 뜻인지 잘 모르지만 설명을 듣
고 나면 고개를 끄덕이게 된다. 건물의 품격에 맞게 멋있는 이름을 찾
다보니 어려운 단어 선택이 많다. 나의 경우도 마찬가지로 땅콩집의
골조공사가 끝난 후에 건축분야에서 일하는 친구들을 불러 이름짓기
를 한다. 여러 가지의 멋있는 집이름이 나왔지만 역시나 대부분이 어
려운 단어들이다. 사실 나는 한자를 잘 모른다. 학교 다닐 때 한자를
배우는 게 불가능했다. 수학의 미적분보다도 훨씬 어려워 중학교 2학

년 때 한자를 포기했고, 지금 한겨레신문을 구독하는 이유도 한자가 없기 때문이다.

우리 집 이름은 뭐라고 지을까? 멋있는 고품격의 우리 가족과 어울리는 집 이름이 없을까? 서양에서는 흔히 볼 수 있는 듀플렉스홈^{duplex home}은 집 두 채가 벽을 붙이고 나란히 서 있는 주택양식이다. 그렇다고 집 이름을 듀플렉스홈이라고 지을 수도 없고 해서 친구들의 의견을 물어보기로 했다.

"이 집은 구본준과 내가 아이들을 위해 지은 집이니깐 쉬운 이름으로 가자. 내가 들어도 너무 어려워. 쉬운 거 없나? 특히 한자는 빼! 예를 들어 한 필지에 두 개의 집. 불알 어때?"

내가 먼저 '불알' 어떠냐며 물었다. 전달력은 좋은데 너무 직설적이다. 그러자 구본준이 옆에서 거들었다.

"고환은 어때?"

"너무 직설적이긴 마찬가지야. 고환이나 불알이나. 차라리 불알이 낫다."

친구들 중 안상수 소장이 대화에 끼어들었다.

"그건 너무 성인버전이다. 아이들용이라며. 고환하고 비슷하게 생긴 거 없나?"

한 1분이 지났을까? 갑자기 무릎을 치며 말했다.

"고환하고 비슷한 거 있다. 아주 쉬워. 땅콩 어때?"

"땅콩? 오, 그래 비슷해."

네 명의 친구들이 다들 좋아하는 반응이다. 집이름이 입에 착 붙는 게 느낌이 나쁘지 않았다. 우선 땅콩집으로 이름을 결정했다. 현장의 집은 외장에 리얼징크(컬러강판)를 붙이고 내부는 석고보드 마감공사가 한창이었다. 집에 외장도 붙이고 내부도 정리가 되어가고 아이들과 아내의 조언을 듣기로 하고 현장으로 이동해 집구경을 했다. 집 내부를 구경하며 이 방은 우리 아들방, 이 방은 우리 부부를 위한 침실, 그리고 드레스룸 등 한창 설명을 했다. 아직 마감이 끝난 상태가 아니라서 그런지 아내는 좀 못마땅하다는 눈치였다. 아이들은 뭐가 그리 좋은지 이 집이 우리 집이냐며 도착하자마자 다락방부터 1층까지 계속 오르락내리락 뛰어다녔다. 내부 구경을 하고 밖으로 나와 전체적인 그림을 보며 집 이름을 정하기로 했다.

"여보 땅콩집 어때?"

"윽! 뭐야? 다른 이름 없어?"

"땅콩집 말고 깡통집은 어때?"

집 모양을 보고 판단하기에 마감재가 철이라 깡통집이 어울린다는 소리다.

"땅콩집 좋지 않아? 이 집은 외국에 많이 있는 듀플렉스홈이라고 한 필지에 단독주택이 두 동 있어서 그렇게 불러."

"아빠 듀플렉스가 뭐야?"

옆에 있던 아들이 눈이 똥그래지며 알 수 없다는 표정을 지었다.

"음 듀플렉스라는 말에서 듀가 두 개라는 뜻인데, 건물이 두 개가 붙어서 듀플렉스홈이라고 하는 거야."

내가 설명하면서도 무슨 소리인지 모르는 마당에 아이가 이 단어를 이해할 리 없었다.

"한세야! 같은 땅에 건물이 두 개잖아. 그래서 듀, 둘! 듀플렉스홈이라고 해. 홈은 알지? 집."

설명하다보니 나도 지쳤고 아내는 벌써 차에 들어가 버렸다. 이 아이가 이해를 못하면 안 된다. 이 아이만 이해를 시키면 대한민국의 누구도 이해를 할 수 있는 이름이 탄생한다는 생각에 열심히 아들과 딸을 붙잡고 30분째 설명을 했다. 이제 마지막이라고 생각하며 다시 설명을 덧붙였다.

"한세, 은세야! 잘 들어. 너희 추석에 땅콩 까 먹지? 땅콩껍질 까면 땅콩이 두 개 들어 있지? 그 콩 하나가 건물이야. 건물이 두 개가 있는 거지. 지금 보고 있는 이 집처럼."

"아, 땅콩집. 땅콩집은 알아!"

이 아이에게는 듀플렉스홈보다 2주 전에 우리끼리 이름 지은 땅콩집이 더 익숙하고 많이 들어본 것처럼 느껴졌나 보다. 딸은 아무것도 모르면서 연거푸 땅콩집 이름을 외쳤다.

"맞아! 땅콩집, 나도 알아 땅콩집, 우리 집 땅콩집."

땅콩집! 그날 아이들의 반응에 나는 마음속으로 집 이름을 결정했다. 성미가 급한 나는 핸드폰으로 구본준에게 전화를 해 아이들의 반응을 전했다. 친구도 땅콩집으로 하자는 데 동의했다.

'우리 집 이름은 이제부터 땅콩집이야!'

아내는 차 창문으로 땅콩집 건물배경 앞에 서 있는 우리를 바라보며 외쳤다.

"땅콩집이 뭐야? 누가 집에 땅콩을 써. 오징어 땅콩도 아니고 오징어는 어디 갔어? 이상해!"

아내는 건물마감이 깡통이니깐 보는 순간의 느낌이 중요하다며 깡통집으로 하자고 우겼다. 만약에 집 이름을 땅콩집이 아닌 깡통집이나 불알집으로 했다면 이 집의 운명은 어떻게 되었을까?

보물찾기

KBS에서 5월 가족의 달 프로그램으로 '아버지의 뜰' 다큐촬영 협조요청이 왔다. 그동안 땅콩집의 많은 촬영과 인터뷰에 지친 두 가족에게 반갑지 않은 요청이었다. 옆집은 거절한 상태고 KBS측에서 우리 집이라도 찍자며 도움을 청했다. 사실 다큐는 너무 힘들어 아내가 완강히 거절을 했다. 작가분에게 못하겠다고 집안사정을 설명했지만, 땅콩집이 주제가 아니고 가족의 달에 맞게 가족의 소중함을 알리는 프로그램이며 가장으로서 아내와 아이들과의 관계에 대해 다시 돌아보는 시간을 가질 수 있다는 작가의 말에 설득을 당했다.

이번이 마지막 촬영이라는 약속을 하고 아내는 결국 오케이를 했다. 우리의 주말 시간을 포기하고 금토일 3일만 촬영하기로 합의를 보고 촬영에 들어갔다. 금요일부터 집과 아이들 촬영을 시작했다. 대본은 없고 일상을 찍으면서 틈틈이 아이들과 아내에게 작가가 질문을 던진다.

"왜 땅콩집을 만들었죠?"

"아이들과 집에서 뭐하고 노세요?"

"아내를 돕기 위해 무엇을 하세요?"

"집에는 일찍 들어오세요?"

"소장님은 가족에게 몇 점짜리 아빠인가요?"

작가의 질문에 곧바로 대답을 할 수 없는 나를 발견하고 내가 그동안 가족에게 무엇을 했는지 반성을 하게 되었다. 집만 지었지 살면서 아이들과 아내를 위해 한 게 아무것도 없었다. 과연 아빠로서 나의 점수는 몇 점일까? 10점 만점에 2점? 아니 빵점? 아이들과 아내에게 집이라는 커다란 선물을 주었으니 가족의 일원에서 나를 빼달라고, 회사일과 잦은 출장으로 피곤에 지친 나를 찾지 말아달라고 부탁한 건 아닌지. 후회를 하고 질책하는 촬영이 되어 버렸다. 아내에게서도 좋은 이야기가 나올 리 없었다. 여보, 아이들 목욕 좀 도와주세요. 둘째 잠들기 전에 동화책 읽어 주세요. 2층 청소기 돌려주세요. 마당 잡초 좀 뽑아주세요. 집 주변 도로에 쓰레기가 많아요, 주워서 버려줘요. 음식물쓰레기 좀 버려줄래요? 이 모든 요청에 남편은 피곤한 표정으로 못 들은 척했다는 것이다. 작가가 사실이냐고 묻는 말에 나는 대답을 하지 못했다. 아내의 요청을 잔소리로 듣고는 또 시작이라며 피곤한 표정을 짓고 계속된 요청에 마지못해 한두 번 해줬던 모습, 식탁에 노트북을 펴고 도면을 그리며 일부러 일하는 모습을 강조했던 내 모

습이 떠올랐다.

방송사측에서는 가족을 위해 땅콩집을 만든 사람으로 다정다감하고 좋은 아빠의 이미지를 영상에 담을 수 있을 줄 알고 출연 요청을 한 것인데 나쁜 아빠의 성토장이 되어버린 것이다. 작가는 난감했는지 이벤트를 해서 촬영분량을 만들어야겠다며 특별한 이벤트를 요청했다.

"이벤트요? 뭐 그냥 가끔 친구들이 놀러오면 고기 구워먹고 마당에서 아들과 축구하고 아이들은 동네 친구들하고 마당에서 물놀이하고. 이벤트라고 할 게 별로 없어요."

작가의 표정이 일그러졌다. 할 수 없이 작가가 내일 할 이벤트를 연구해올 테니 그걸 찍자고 제안했다. 그리고 오늘은 뒷동산에 산책가는 걸로 하루 촬영분량을 채우기로 했다. 이사 와서 처음으로 아이들과 뒷동산에 산책을 갔다. 성석산은 생각보다 등산객이 많은, 용인에서는 유명한 산이다. 참 창피한 얘기지만 이사온 지 3년이 다 되어 가는 동안 한 번도 정상은커녕 산 근처에도 가본 적이 없었다. 등산객을 위한 쉼터도 있고 주민들을 위한 운동기구들이 모여 있는데 처음 가는 길이라 아이들과 뭘 해야겠는지도 잘 몰랐다. 촬영팀은 아주 많이 실망한 눈치였다. 하지만 아이들은 아빠와 함께 산책을 하는 것만으로도 좋은 모양이었다. 그때 다람쥐 한 마리가 우리 앞에 나타났다. 주변 길바닥에 아까부터 도토리가 많이 보였는데 역시나 다람쥐를 만났다.

"아빠 다람쥐 잡아줘!"

딸이 소리쳤다. 나더러 다람쥐를 잡으라고? 순간 허리를 구부리고 조용히 걷기는 시작했지만 다람쥐를 맨손으로 잡으라고? 아들도 옆에서 거들었다.

"아빠 빨리! 노방가샆아. 뭐해? 빨리 덮쳐!"

온힘을 다해 덮쳤지만 다람쥐는 없어진 지 오래였다. 딸은 울고불고 난리다. 아빠 배가 너무 나와서, 몸이 둔해서 놓친 거라며 아무 잘못 없는 내 배타령을 했다.

"그렇게 엄마가 살을 빼라고 했잖아. 이게 뭐야?"

딸을 진정시키고 다람쥐 다니는 길목에 막대기로 흙을 파서 고랑을 만들고 그 막대기를 길에 눕혀 막았다. 그리고 나무 뒤에 숨어서 지켜보기로 했다. 한 20분쯤 지났을까? 카메라 감독님도 지치고 날도 저물어서 그냥 가기로 했지만 우리 딸은 다람쥐 잡기 전에는 절대 못 내려간다고 떼를 썼다. 다람쥐 한 마리만 나타나면 잡든 못 잡든 보고 내려가기로 하고 우리는 숨죽여 기다렸다.

잠시 뭔가 검은 물체가 길 위를 뚫고 올라왔다. 이건 두더지? 확실히 두더지다. 딸은 또 외친다.

"아빠 두더지 잡아!"

그 소리를 들었는지 두더지는 길을 재빨리 건너 땅구멍으로 사라졌다. 순식간에 일어난 일이라 나는 그저 보고만 있었다. 한 달 전인가? 아이들이 뒷산에 놀러가자고 했을 때 가서 할 게 뭐 있냐며 아이들을 달래서 놀이터로 데려갔다. 놀이터에 가서도 아이들끼리 놀라고 하고 나는 핸드폰으로 인터넷 검색을 했다. 오늘 산에 와보니 할 게 천지에 널려 있었다. 등산은 아이들과 같이 하기는 힘들어 안 된다 해도 도토리 줍기에서부터 다람쥐, 두더지, 참새, 들꽃 구경 등 같이 놀 수 있는 게 무궁무진했다. 계절이 바뀌면 산은 또다른 모습으로 우리를 반길 것이다. 참 재미없는 아빠로 오늘 방송을 마무리하고 아빠의 자질에 문제가 있는 나를 발견한 하루였다.

마지막 촬영날 작가가 밤새도록 고민한 이벤트는 일명 마당에서 보물찾기였다. 친절하게도 이쁜 카드를 12장이나 구해와서 보물을 카드에 적으라고 했다. 막상 쓸 게 없었다. 겨우 5장 쓰고 머뭇거리자 작가가 옆에서 나를 도왔다. 카드 9장을 쓰자 작가는 이제 됐다며 포기했다. 나름 고민해서 적은 카드를 아이들이 아침 먹는 시간에 몰래 마당의 나무 사이, 난간 사이에 꼭꼭 숨겨두고 아이들을 불렀다.

"오늘은 아빠가 어린이날 선물로 보물찾기를 하기로 했어요. 보물이 적힌 카드를 마당에 숨겼으니 찾아봐요!"

아이들은 신났는지 마당 곳곳을 뒤지기 시작했다. 아이들의 반응은 폭발적이었다.

'작가님 고마워요! 덕분에 오늘 좋은 아빠가 될 것 같아요.'

30분 만에 9장의 카드는 아이들 손에 들려 있었다. 딸은 좋아서 어쩔 줄을 모른다. 오빠보다 한 장 더 많은 5장의 카드를 손에 들고 좋아라 마당을 이리 뛰고 저리 뛴다. 아들은 아쉽지만 4장으로 만족하고 카드 내용이 궁금한지 빨리 열어보라고 재촉했다.

"한 장 더 많은 우리 딸 먼저. 업고 다락방까지 올라가기 세 번."

별것도 아닌데 아이들은 종이카드가 열릴 때마다 보물상자를 발견한 것처럼 아우성이었다.

"우리 아들은 뭘까? 오 이런 보물이! 갯벌 놀러가기!"

아들은 카드를 받고 마당을 한 바퀴 돌았다. 딸도 덩달아 좋아라 하며 오빠를 따라 돈다.

"오빠 나도 같이 가는 거야?"

다음 카드는? 뒷산 등산하기. 두 아이는 또 마당을 돈다. 이거 아이들이 너무 오버하는 거 아냐? 돈이 드는 것도 아니고 시간이 많이 걸리는 것도 아닌데 이렇게 좋아하다니! 아이들의 반응이 격할수록 그동안 아이들에게 못 해준 게 가슴아팠다. 보물상자는 계속 열리고 마술을 부리는지 아이들은 마당을 빙빙 돈다. 아이들의 함성은 온 동네로 퍼져갔다. 일주일에 세 번 목욕시켜주기. 동화책 세 권 읽어주기, 동네 산책 후 껌 사주기, 자전거 타고 산책하기. 아침에 일어나면 사랑한다 말하기. 아이들은 마치 "와!" 하는 놀이를 개발한 듯 한 장 한

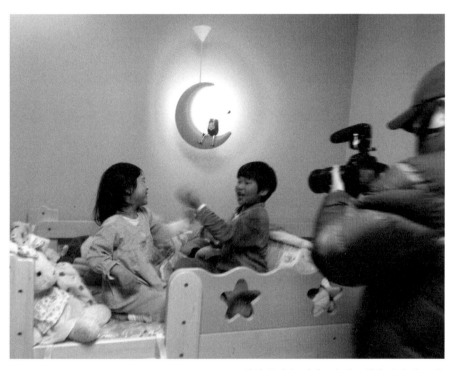

촬영 중이야. 신경쓰지 말고 원래 하던 대로 해.

장 읽을 때마다 함성을 질러댔다.

　이제 마지막 남은 우리 공주님의 카드 한 장. 우리 딸은 나의 입에서 무슨 말이 나올지 온 감각을 집중한다. 카메라 감독님도 좋아하는 아이의 표정을 담기 위해 카메라 방향을 아이의 얼굴에 집중했다.

　"이번 마지막 카드는 아빠 무릎에 앉아서 같이 펴보자. 마지막 카드는 뭘까? 개봉박두. 두두두두 아빠의 뽀뽀 100번!"

　딸은 아무 반응이 없고 잠시 정적이 흐르더니 대성통곡을 하기 시작했다.

　"왜? 아빠랑 뽀뽀하기 싫어?"

　"이게 무슨 보물이야. 벌칙이지! 이게 뭐야. 이런 게 어디 있어. 오빠보다 내가 하나 더 찾은 보물이 뭐 이래."

　딸아이의 눈물이 그칠 줄 몰랐다. 작가도 카메라 감독도 아내도 심지어 이들도 이 상황을 어떻게 받아들여야 할지 몰라 가만히 서로를 바라볼 뿐이었다. 작가는 빨리 아이를 달래라고 난리다.

　"알았어 바꿔줄게. 마트에 가서 인형 사줄게."

　인형도 소용없는지 딸은 보물을 다시 써달라고 떼를 썼다. 그럼 장난감 가게 가서 좋아하는 걸 고르자고 제안했지만 소용이 없었다.

　"장난감 가게 싫어. 아빠가 좋아하니까 그냥 가는 거야. 내가 인형 고르면 아빠가 좋아해서 가는 거야. 내가 좋아하는 게 아니라고. 아빠가 바쁘니깐 내가 아빠를 생각해서 그냥 가주는 거야, 잘 알지도 못하면서!"

　의외의 대답에 목이 메어왔다. 말이 안 나오고 촬영 분위기는 이상

아이들이 마음속 소원을 담아 쓴 벌칙카드.

해졌다. 원하는 촬영 장면은 건지지 못하고 아쉬움만 남는 날이었다.
나는 겨우 감정을 추스르고 말문을 열었다.

"그럼 원하는 걸 말해봐. 아빠가 이 카드에 써줄게."

정말 뜻밖에도 의외의 대답이 나왔다.

"왜 요즘은 자장가 안 불러줘? 예전에는 자기 전에 항상 아빠가 자
장가 불러주고 나는 아빠 자장가 듣고 잠들었잖아. 밤마다 자장가 불
러줘."

아이의 한 마디에 갑자기 참았던 눈물이 쏟아졌다.

"미안, 아빠가 미안해. 우리 딸이 뭘 좋아하는지도 모르고 아빠가

정말 잘못했어."

일 때문에 너무 바쁘다는 이유로 장난감 가게를 자주 데려갔었다. 나도 편하고 딸이 좋아하는 것 같아 행사만 있으면 인형을 사줬다. 어린이집에서 행사가 있었지만 참석은 못하고 다음 날 장난감 하나를 사주고 그걸로 때웠던 것이다. 아이를 안고 한참을 가만히 있었다. 말을 이을 수 없었다. 그리고 떨리는 목소리로 말했다.

"그래, 아빠가 매일 자장가를 불러주고 동화책도 세 권씩 읽어줄게."

그리고 '뽀뽀 100번'이라고 쓰여진 카드를 '자장가 불러주기'로 고쳐 썼다. 그제서야 아이는 눈물을 멈추고 웃기 시작했다. 웃는 아이가 고마워서 나도 웃기 시작했다.

다락방
작은 연주회

　　　　　　　　　우리 가족은 집안에 행사가 있으면 항상 다락방
에 올라가서 작은 연주회를 연다. 땅콩집의 다락방엔 낭만이 있다. 아
빠 생일에 아들이 선물로 바이올린을 연주해주고 딸은 옆에 서서 노
래를 부른다. 자신들의 역량을 최대한 발휘해 엄마 아빠를 만족시키
는 것이다. 저금통에 돈을 모아서 아빠가 좋아하는 선물을 사줄 만한
데 그 돈의 용도는 따로 있다. 아들의 경우 자기가 필요한 물건 즉 건
담을 산다든지, 딸의 경우 예쁜 머리핀, 아니면 껌을 산다. 말하자면
평소에 갖고 싶지만 엄마가 잘 안 사주는 품목으로 국한된다. 엄마가
사주지 않아 자기들이 열심히 모은 돈으로 사니 간섭하지 말라는 뜻
이다. 아무튼 나로서는 아이들의 생일축하 연주회가 더 좋긴 하다. 우
리 집 음악회는 30분 만에 끝나지만 나름 의미가 있고 기분 좋은 행사

이다. 다락 천장의 나무루바와 작은 창 두 개가 배경인 무대는 세상에 하나밖에 없는 무대. 전문가의 바이올린 연주실력은 아니지만 다락의 낮은 천장구조와 나무 소재 때문에 전문가 못지 않은 소리가 난다. 다락방이라는 공간과 연주회는 의외로 잘 어울린다. 특히 아이들이 여는 작은 연주회에 참 잘 어울리는 공간이다. 하지만 마음에 안 드는 부분이 하나 있다. 바로 의상이다. 분위기와는 맞지 않게 잠옷차림으로 연주와 노래를 한다. 저녁밥 다 먹고 씻고 이빨 닦고 자기 전에 여는 연주회이기에 아이들은 언제나 잠옷차림이다. 아내는 할 일을 다 끝내고 연주회를 여는 그 시간이 집중력이 좋아지고 실력을 최대한 발휘하는 시간대라는 것이다. 아내의 말을 듣고 고개는 끄덕였지만 사실 이해는 되지 않았다. 뭐 그런가보다 하고 마지막 연주곡을 듣고 30분 연주는 끝이 났다. 재미있는 것은 아들의 연주속도에 맞춰서 딸이 노래를 부른다는 것이다. 연주가 빨라지면 빠르게 부르고 연주가 느려지면 천천히 노래를 부른다. 둘이 좋은 파트너로 자라 나중에 유명한 남매연주팀을 만들면 좋겠다는 생각도 해본다.

마지막으로 "아빠 사랑해요."라고 꼬부랑이 글씨로 쓴 그림 생일카드를 보여주며 그냥 봐서는 알 수 없는 자기 그림을 설명해준다. 이 행위가 끝나야 파티는 끝이 난다. 내가 건성으로 듣는다 싶으면 나의 아래턱을 잡고 한눈 못 팔게 하고 다시 그림 설명을 한다. 이 자세는 아내와 연애시절 내가 대화에 집중을 안 한다 싶을 때 아내가 했던 행동이다. 나의 턱을 잡고 오늘 있었던 일상생활을 30분이고 한 시간이고 얘기한다. 내 턱을 잡고 고개를 못 돌리게 하고 얘기를 하는 아내

의 모습이 너무 예쁘고 사랑스러워서 결혼을 했다. 그 엄마에 그 딸 아니랄까봐 딸도 똑같은 행동을 한다. 이 아이도 자라 남자친구가 생기면 이렇게 이야기를 나눌까? 그리고 내가 그랬듯이 남자친구도 딸의 사랑스러운 모습에 반하겠지. 다락방 연주회는 내게 무한한 상상력을 준다.

다시 아파트로
이사간다!

요즘 아이들은 밥투정을 많이 한다. 아침, 점심, 저녁식사 외에 간식이나 군것질거리가 많아 제때 밥 먹는 것에 목숨을 걸지 않는다. 목숨이 아니라 밥 먹는 것 자체를 그렇게 중요하게 생각하지 않는다. 이와는 반대로 부모들은 아이들 밥 먹이는 데 목숨을 건다. 온갖 협박과 회유를 하면서 아이를 윽박지르고 타이르고 난리도 아니다. 할머니와 할아버지가 있으면 밥 먹이기는 더욱 어려워진다.

"놔둬라! 배고프면 알아서 먹겠지. 그만 먹고 나가서 놀아."

"와, 할머니 최고."

아이는 밥 숟가락 던지고 현관문을 열고 밖으로 나간다. 우리 어린 시절은 어땠을까? 밥때가 되면 그만 놀고 집에 들어와서 밥 먹으라며 엄마들이 동네 구석구석으로 아이들을 찾으러 다녔다. 그렇게 밥을 먹여 키운 엄마가 손자나 손녀 앞에서는 정반대의 모습을 보인다. 언젠가 한번은 아이들 밥 먹이는 게 힘들었는지 아내가 나에게 바통터치를 한 적이 있다.

"그래, 왜 그렇게 힘들게 밥을 먹여. 이리 줘봐, 내가 해볼게."

그런데 직접 해보니 여섯 살짜리 딸의 밥 먹이기는 여간 힘든 일이 아니었다. 아들은 여덟 살 이후 스스로 알아서 밥을 먹기 시작했지만 딸은 밥을 입에 넣으면 함흥차사다. 숟가락으로 밥을 퍼서 그 위에 김치랑 시금치를 올려서 내밀며 "빨리 입 벌려." 하면 입에 아직 밥이 있다며 기다리라고 한다. 입에 있는 밥을 다 먹어야 다음 차례로 넘어갈 수 있다는 것이다. 밥을 다 삼킨 다음 입 안을 보이며 이제 반찬을 넣어도 좋다고 한다. 이러다간 하루가 다 갈 것 같다. 처음엔 먹여주는 아내의 행동이 이해가 되지 않았는데 내가 해보니 나의 인내심도 금방 바닥이 드러났다. 아직도 딸 전용 작은 밥그릇에는 밥이 반이나 남았고 그걸 다 먹이다가는 내가 돌아버릴 것 같았다.

"은세야! 이거 먹으면 500원 줄게, 아빠 좀 도와주라."

딸아이는 좋아라 하지만 속도는 여전하다.

"은세야! 약속이 다르잖아. 너 500원 주면 빨리 먹기로 하고서는 아까랑 달라진 게 없잖아."

딸은 아까보다 밥을 씹는 속도가 빨라지면서 500원을 준비하라고 한다. 속이 까맣게 타들어가면서 이 상태로는 안 되겠다 싶어 다른 수를 생각해 보았다.

"뭐 좋은 방법 없나? 저렇게도 밥이 맛이 없나?"

지난번에 고양시 땅콩집 집들이에 초대되었을 때 들었던 이야기가 갑자기 생각났다.

"이사를 온 후로 아이들이 많이 달라졌어요. 특히 밥을 잘 먹어요. 이사와서 마당도 생기고 뒷동산도 있고 같은 동네 또래 아이들과 몰려다니느라 저녁시간 밥때가 되면 밥도 잘 먹고 잠도 일찍 자요."

일찍 자니 아침에 일찍 일어나고 바른 생활 어린이로 바뀌었다는 얘기다. 아이가 변화하는 과정에는 시간이 필요했지만 빨리 변하게 하는 특효약이 있다는 것이다. 처음에 이사와서 일주일 지났지만 밥 투정은 변화가 없어, 고민하다가 이 방법으로 효과를 많이 봤다고 한다.

그 방법은 간단했다. 말 한 마디면 효과가 만점이다. 나도 그 방법을 썼다.

"은세야 니 이렇게 밥 안 먹고 엄마 말 안 들으면 진에 살던 아파트로 이사간다!"

갑자기 아이의 얼굴이 하얗게 변하면서 묻는다.

"아빠 거짓말 하지 마. 어떻게 아파트로 이사가?"

아이는 진짜 이사갈까 봐 걱정스러운 표정으로 나의 마음을 확인하는 듯했다.

"은세를 위해 마당 있는 집으로 이사를 왔는데 이렇게 말을 안 들으면 이 집은 필요가 없어. 그래서 그냥 아파트로 이사를 하는 게 낫겠다. 여보! 우리 다음 주에 전에 살던 아파트로 이사가게 짐 싸고 이삿짐 아저씨 불러주세요!"

나는 2층에 있는 아내에게 들리도록 큰 소리로 외쳤다. 2층에 있는 아내는 잘 못 들었는지 "여보 다시 말해봐! 뭐라고?"라고 소리쳤다.

그 순간 딸은 숟가락을 들고 입에 밥을 넣고 입을 오므리며 빨리 씹기 시작했다. 마치 남은 밥을 입에 다 넣을 태세였다. 결국 밥이 목에 걸려 아까 먹인 밥까지 함께 토하고 말았다. 다 토하고 나서 아이가 울면서 말했다.

"아빠 잘못했어 다시는 안 그럴게, 이제부터 밥 잘 먹을게요. 제발 아파트로 이사가지 마!"

아이의 울음소리에 2층에서 달려내려온 아내는 아이를 달래면서 뭐 하나 제대로 하는 게 없다며 투덜거렸다.

"애를 잡아요, 밥 하나 못 먹이고 결국 다 토하게 만들어요?"

아내는 내 손에 들려 있던 숟가락을 뺏으며 저리 비키라고 소리쳤다. 밥통에서 밥을 다시 퍼서 아이에게 밥을 먹이며 한마디 한다. "옳지 그래! 이렇게 밥을 잘 먹는 아이를 가지고 도대체…… 아주 웬수야, 웬수! 일부러 그러는 거 아니야? 하기 싫으면 싫다고 해!"

나는 웃음을 참으면서 아이의 눈을 보았다. 엄마에게 아파트로 이사가자는 말은 하지 말아달라는 눈치다. 열심히 나 밥 먹고 있으니 엄마에게 제발 말하지 말아달라고. 이 방법이 너무 효과적이라 당황한 나는 다시는 이 말을 사용하지 않기로 했다. 아이에게 상처를 줄 수 있다는 생각에 한 번으로 끝냈다.

아이들은 아파트에 잘 적응하면서 사는 것처럼 보이지만 사실은 어른보다 인내심이 강해 꾹 참고 살고 있는 것인지도 모른다. 한참 뛰어

다니고 놀고 싶지만 부모를 위해 모든 고통을 감수하고 사는지 모른다. 아이들이 아파트를 이렇게 싫어하는지 나도 몰랐다.

다음 날 회사에서 저녁회식이 있어 12시가 넘어서 집에 들어갔다. 서울에서 술 먹고 10시 반만 넘어도 12시는 기본으로 넘는다. 일찍 파장했지만 집이 용인이다 보니 거리가 있어 12시 전에 집으로의 귀가가 쉽지 않다.

술 먹고 집에 늦게 왔다는 아내의 바가지에 나는 억울했다.

"여보 미안. 나 소주 세 잔밖에 안 먹었어. 진짜야, 나 멀쩡해."

믿지 못하겠다고, 몸 상태가 소주 세 병은 마신 거 같다고 바가지를 긁는 아내의 얼굴을 향해 한마디 던졌다.

"너 이러면 아파트로 다시 이사간다?"

아내는 어이가 없다는 표정을 지으며 손으로 나의 머리를 한 대 가격했다. "이게 미쳤나? 술 처먹고 뭐라고? 뭐 아파트로 이사를 가? 그래 이사가자, 이사가." 하면서 또 한 대를 때린다. 순간적으로 고개를 숙이고 아내를 안으며 용서를 구했다. "여보, 미안해!" 우리 딸에게는 잘 먹혔는데 아내는 다 커서 그런지 효과가 없다.

젊은
건축가들이여

　　　　　2000년 3월 26일 동숭동. 광장건축사사무소.
1995년 김원 선생님 광장건축에 입사해서 15년차.

"선생님, 저 독립하겠습니다. 건축사 자격도 땄고 실무경력 7년이
니 이제는 제 작품을 하고 싶습니다."

"그래? 돈은 있어? 사무실은?"

"건축사협회에서 건축사 면허를 담보로 3천만 원 대출해줍니다."

"건축사협회가 무슨 은행이야? 3천으로 사무실 구하고 가구, 장비
사고 직원 월급은?"

"산 입에 거미줄 치겠어요? 직원 2명은 충분히 먹여 살릴 수 있어
요."

"너 때문에 직원 두 명이 불쌍하다. 선도 못 그리면서, 넌 아직 멀었

어."

"저 자신 있어요. 이 정도 실력이면 시장에서 먹혀요."

"좋다. 그럼 광장 내부에서 독립해. 사무실 공짜로 쓰고 한번 해봐. 돈에 쪼들리면 작품이 안 나와."

"네? 그게 독립이에요?"

광장건축사무실 내부에 내 사무실을 차렸다. 4평을 얻어 드디어 내 일을 시작한 것이다. 사무실 이름은 광장투. 그때 나이 서른 살. 나름 대로 열심히 일했다. 매일 밤새는 건 기본이다. 일이 없어 건축현상설계를 했다. 결과는 3등. 3등은 아무것도 없다. 이거 계속해야 하나? 모르겠다. 10번은 해보자. 그리고 포기하자. 결국 10번 하고 포기했다. 지금도 현상설계 근처는 가지도 않는다. 그럼 설계수주는? 서래마을 친구 부모님이 살던 집을 헐고 다세대주택을 지어 꼭대기 층에 살면서 임대사입을 하려고 했다. 다시 도진! 내 실력을 보고 판단하시겠다고 해서 가설계를 했다. 가설계란 계약하기 전에 그리는 설계도면인데 계약 전이니 설계가 마음에 안 들면 계약은 없다. 건축가에게는 불리한 조건이지만 일이 없는 나로서는 선택의 여지가 없었다. 다행히 친구 부모님들이 설계가 마음에 든다고 계약을 하자고 했다. 그래. 역시 시장은 이현욱을 원해. 나 안 죽었어. 기쁜 마음에 설계도면을 마저 설명하고 계약서를 내밀었다. 3천만 원. 사실 외주비(전기, 설비, 구조비)를 주고 공사기간 5개월 동안 감리를 하면 사무실 유지하기도 빠듯하다. 그래도 먹고 살려면 이 금액이라도 계약을 해야 했다. 친구 부모님은 설계비가 비싸서 계약을 못하겠다고 한다. 설계비 3천만 원이 비싸다고? 5백만 원이면 계약을 하겠다고 하신다. 그 금액에는 불가능하다고 거절하고 나오는 나의 모습이 비참했다. 생각해보고 연락을 주신다는 말씀을 위안삼아 다시 사무실로 돌아왔다. 역시나 연락이 없었다. 5백만 원이라도 할걸 후회했다. 점점 초조해진다. 돈에 쪼들리면 작품 못하는데. 현상설계는 계속 떨어지고 대출받은 3천만 원 중에 반이 없어졌다. 그래서 작품은 나중에 하고 우선 먹고살자는 생각으로 닥치는 대로 일을 했다. 동네 빈 땅만 보면 땅주인에게 편지를 보내고 부동산에 명함을 뿌렸다. 다행히 부동산에서 인기가 있어 일이 하나씩 들어오기 시작했다. 세상에 죽으라는 법은 없나 보다. 부동산과 시공사의 하도급업체가 되어 한 달에 열 개의 일을 하기도 했다. 2년 만에 완공된 건물이 30채가 넘었다. 그런데 돌아보니 허무했다. 그동안 뭘 한 거지? 빚은 1억이 넘었고 작품은 하나도 없다. 한 프로젝트를 설계비 5백만 원에 계약하면 적자만 5백만 원이었다. 결국 2년 만에 사무실을 접고 월급 소장으로 다시 들어갔다. 뭐 다시 들어갈 것도 없었다. 원래 그 자리에 있었으니깐.

"선생님. 저 다시 들어가겠습니다."

"야, 광장이 너 들어오고 싶으면 들어오고 나가고 싶으면 나가는 곳이야? 그래 뭘 배웠냐?"

"독립하면 개고생이라는 거요."

대한민국은 젊은 건축가가 살아남기 어려운 구조다. 일이 없다. 일본의 경우 단독주택시장이 활성화돼 있어 젊은 건축가가 할 일이 많다. 일본 사람들은 집을 지으면 항상 건축가를 찾아가 설계를 한다.

건축문화 수준이 높아서 '건축계의 노벨상'이라는 프리츠커상 수상자 중 일본인이 6명이나 된다. 우리는 아직 한 명도 없다. 일본은 전세계 36명 중 6명으로 미국에 이어 2위다. 그들은 전세계의 건축시장을 휩쓸고 다니면서 외화벌이에 일조한다. 그리고 전세계에 일본 건축의 문화 수준을 자랑한다.

우리는 아파트가 주거문화의 대중화를 이끌고 있어, 태생 자체가 전멸이다. 단독시장이 있다고 해도 부동산과 시공업체가 장악한 상태다. 이런 구조에서 젊은 건축가가 성공할 확률은 1%다. 건축가를 위한 협회가 존재하지만 이 시장을 획기적으로 변화시키기에는 역부족이다. 그럼 우리의 미래는 어떠한가? 건설사에 취직해서 회사가 원하는 상품을 만드는 도구로 전락하기 쉽다.

2011년 7월. 동숭동

"독립해라."

"네? 나가면 개고생이에요. 월세 낼게요. 사무실 망한 경험이 아직
도 생생해서 싫어요."

"아냐. 이젠 잘할 수 있어. 너 땅콩집 있잖아. 독립해."

시장이 조금씩 움직이고 있다. 소비자가 움직인다. 독주하던 아파
트가 무너지고 단독주택시장이 온다. 소비자들이 건축가들을 찾고 있
다. 우리도 일본처럼 건축문화 수준이 높아지고 있다. 난 다시 독립한
다. 젊은 건축가들이 마음껏 상상의 날개를 펼칠 시장을 만들기 위해
독립하기로 마음먹는다. 땅콩집, 외콩집, 완두콩집, 옥수수집, 두꺼비
집, 달팽이집, 거북이집 등 다양한 상품이 쏟아져 나올 것이다. 건축
설계사무실을 운영하면서 실력을 키우기에는 단독주택만큼 좋은 게
없다. 아주 중요한 건축기반인 것이다. 젊은 건축가들이 이 기반에서
실력을 쌓아 세상으로 나가길 바란다. 일본보다 조금 늦었지만 우리
에게는 충분히 역전할 수 있는 역량이 있다.

젊은 건축가들이여 일어나라. 그리고 뛰어라.

옆집 재모는
나의 큰아들

요즘은 아이가 하나인 집이 많다. 부모 둘이서 맞벌이로 아이 하나 키우기도 힘든 시대가 됐다. 그래서 정부는 부모의 경제적인 부담을 줄여주기 위해 다양한 정책들을 내놓고 있다. 그 정책들이 과연 효과가 있을까? 그럼 이현욱이 추천하는 방법은 어떨까? 바로 땅콩집에 사는 것이다. 정말 땅콩집이 해답이냐고? 그건 지극히 개인적인 생각 아니냐고? 그럼 말을 바꿔서 동네가, 마을이 아이들을 키워준다면 어떨까? 이 모든 문제의 실타래가 풀리지 않을까?

땅콩집에는 두 가족이, 그리고 두 집 아이들이 있다. 옆집엔 아들 하나, 우리 집은 아들과 딸이 있다. 2010년 8월에 이사올 당시에 옆집 아들 재모는 열한 살이었고 우리 아들 한세는 여덟 살, 딸 은세는 네 살이었다. 이사 와서 아들이 옆집 재모를 형이라고 부르니 딸도 따라서 재모형이라고 부른다. 남들이 보면 삼남매가 사는 집인 줄 안다.

두 가족의 사는 모습, 아이들끼리의 관계, 내가 재모를 어떻게 생각하는지 등이 아이 키우기의 좋은 사례가 되지 않나 싶다.

언제부터인가 우리 식구들은 내가 외국에 출장을 가는 날이면 선물을 사오라는 숙제를 내준다. 아내는 필요한 화장품을 정확히 정해서 문자로 알려준다. 회사이름과 제품번호까지 아주 치밀하다. 아이들은 관심없는 듯 아빠가 알아서 사오라고 하지만 선물에 대한 기대는 엄마 못지않다. 아내의 숙제는 출발하면서 면세점에서 미리 해결하지만 아이들의 선물은 출장 기간 내내 고민거리로 남는다.

같이 살게 되면서부터 나는 출장 중 옆집 재모 선물도 챙기는 버릇이 생겼다. 옆집 친구도 마찬가지로 우리 아이들 선물을 챙기는데, 나는 하나만 더 추가로 준비하면 되지만 친구는 두 개를 챙겨야 한다. 특히 옆집은 딸이 없어서 그런지 우리 딸 선물 사주는 걸 무척 좋아한다. 나는 옆집 친구가 아이들을 생각하며 챙겨준다는 것이 너무 좋다. 물론 아이들도 그러한 진심을 알고 그냥 옆집 아저씨나 아주머니가 아닌 삼촌이나 이모로, 한 가족으로 생각한다. 우리가 예전에 잃어버렸던 이웃사촌이 생긴 것이다. 사실 별것도 아닌 이 작은 마음가짐이 아이에게 가족에게 더 나아가 동네이웃에게 행복한 세상을 만드는 시발점이 된다.

아파트의 섬에서 갇혀 혼자 고민하며 외로운 인생을 살아가는 현대인들은 마음의 안정을 찾지 못해 방황한다. 요즘 '힐링'이 트렌드인 이유도 주거문제가 많은 영향을 끼쳤다고 생각한다. 땅콩집은 집문제를 혼자 고민한 게 아니라 친구랑 같이 고민했다는 것에 의미가 있다. 집 모양이 어떻고 목조주택이 어떻고 공사비 3억이 중요한 게 아니라 둘이, 두 가족이 아이들을 위해 아파트를 벗어나 마당 있는 집으로 이사 가는 방법을 함께 고민했다는 것이 중요하다. 우리랑 다른 가족들과의 차이점은 이거 하나다. 다들 집문제를 혼자 고민하다 인터넷 네이버에 물어본다.

"고수님들, 도와주세요. 아파트 전셋돈 3억으로 마당 있는 단독주택으로 이사갈 수 있나요?"

"우선 여유자금이 필요하니 전세 대출은 한 1억을 받아서 돈을 굴리셔야 합니다. 혹시 모르니 분산투자를 하시는 게 기본입니다. 6천만 원은 적립식펀드를 운용하시고 특히 브릭스에 관심을 가지시고 나머지 4천으로 직접 주식에 투자를 하시면 승산이 있을 겁니다. 코스닥은 피하시는 게 좋고요. 이렇게 5년을 굴리시면 좋은 단독주택을 지을 수 있는 자금을 확보할 수 있습니다."

물론 틀린 얘기는 아니다. 그렇지만 이 방법을 쓰기에 앞서 부모님과 먼저 상의하자. 동생, 형, 누나 등의 가족도 괜찮고, 친구도 좋다. 인생의 고민을 인터넷상의 모르는 사람보다는 주변의 지인이나 가족과 함께 나누자. 고통은 나누면 반으로 줄고 기쁨은 나누면 배가 된다고, 고민도 나누면 더 쉽게 더 빨리 해결할 수 있다.

오늘은 크리스마스이브. 퇴근하는 길에 제과점에 들렀다. 입구부터 케이크가 산처럼 쌓여 있다. 대목인지라 손님들도 많다. 제과점을 나오는 내 손에는 케이크가 두 개다. 집에 도착해서 옆집 벨을 먼저 눌러 케이크를 전달한다.

"친구! 메리크리스마스, 내일 저녁 같이 먹자. 그리고 와인도?"

"그래 내일 우리 집으로 와. 이 케이크 내일 같이 먹자."

케이크를 전달하고 우리 집으로 가니 크리스마스 파티가 이미 끝났다. 식탁에 벌써 케이크가 있고 아이들은 초에 불을 붙이려던 참이었다. 아빠가 늦었다고 빨리 노래 부르자고 성화다.

"여보, 당신이 케이크 사왔어? 전화를 하지, 그럼 내가 안 사왔잖아!"

"아니, 방금 전에 옆집에서 갖고 왔어. 아주 맛있는 케이크야, 시내에서 유명한 집이래."

내가 손에 든 케이크를 보여주며 말했다.

우리 가족 크리스마스 파티는 이렇게 시작이 됐다. 우리 집에는 케이크가 두 개다. 물론 옆집도 케이크가 두 개다. 나는 옆집에 친구가 있어 행복하다. 이 추운 겨울, 밖의 날씨가 아무리 추워도 땅콩집은 따뜻하다.

모기장 뚫고
하이킥

아이들은 마당을 참 좋아한다. 시도때도 없이 거실에서 마당으로 마당에서 거실로, 거실 창문은 항상 열려 있다. 마당에서 도로로 나가는 쪽문도 늘 열려 있다. 이 쪽문은 우리 집 식구들의 전용이 아니다. 동네아이들은 자기 집 드나들듯 이 문을 열고 들어와 다락방으로 올라가 버리면, 문을 닫는 사람은 나 아니면 아내이다.

현관도 마찬가지여서 이 문을 닫는 사람 또한 나 아니면 아내이다. 겨울은 어떨까? 난방온도를 높여놓을 필요가 없을 정도다. 실내공기를 겨우 따뜻하게 만들어 놓으면 성미 급한 우리 아들은 옆집에 가면서 문을 활짝 열어놓고 간다. 2층에 있다 추워서 내려와 보면 백이면 백, 문은 열려 있고 실내온도는 벌써 15도까지 떨어져 있는 상태다. 강의 중 누가 "겨울에는 환기 어떻게 하세요? 땅콩집에는 환기시설이 있나요?"라고 물었다.

"우리 집은 자동으로 환기가 됩니다."

시설비나 유지비가 전혀 안 드는 건강한 환기시설, 아이들이 있어 환기걱정은 안 해도 된다. 여름에는 어떨까? 미칠 정도로 모기와 전쟁을 한다. 창문이 열려 있는 건 좋지만 모기장도 같이 열려 있어 모기며 마당의 벌레들이 집 안으로 다 들어온다. 심지어 참새도 들어온다. 아이들에게 신신당부를 하지만 소용이 없다. 아이들의 팔뚝과 얼굴에는 항상 훈장처럼 붉은 반점이 생겨 있다. 아내의 가장 중요한 소지품 중 하나가 모기약이 된 지도 오래다. 있는 모기장도 반은 뜯어져 있어 제구실을 못하는 경우가 많다. 아이들이 늘 모기장에 기대서 친구를 기다렸는지, 모기장은 늘어나 휘다 못해 김밥 옆구리 터진 것처럼 옆 부분부터 터져 있다. 조심해서 다시 고치면 며칠 못 가 다시 터진다. 터진 구멍으로 모기와 파리가 들어와 아예 창문까지 닫아 버렸다. 더워도 할 수 없다. 모기에 물리느니 차라리 땀을 흘리는 게 낫다.

아파트에도 마당이 있다. 우리 집 마당보다 더 화려한 마당. 분수도 나오고 바닥마감재도 화강석이라 아이들 뛰어놀기에 좋다. 그리고 마당의 크기는 우리 집과 비교가 되지 않게 넓다. 이런 아파트의 마당을 진정한 마당이라고 할 수 있을까? 마당보다는 광장이란 이름이 어울린다. 크기를 떠나서 마당의 기능보다는 많은 사람들이 같이 사용하는 공간의 용도로 광장이 맞다.

지난 늦여름에 드디어 모기장이 통째로 없어지는 사건이 생겼다. 처형네가 놀러와 마당에서 삼겹살 파티를 하다 날씨가 쌀쌀해져 거실

마당으로 뛰어나가는 아이들, 모기장이 성할 날이 없다.

로 파티장소를 옮기고 밥을 먹으면서 와인을 한 잔씩 했다. 그때 갑자기 조카가 밥을 먹다 말고 숟가락을 식탁에 놓더니 모기장을 뚫고 마당으로 튀어나간 것이다. 초등학교 5학년 여자아이, 어린 나이도 아닌데……. 황당 그 자체였다. 우리 아이들도 이런 적이 없는지라 두 가족은 그 모습에 넋을 잃고 한참을 바라만 봤다. 조카의 얼굴은 어쩔 줄 몰라 홍당무보다 더 빨개져 있었다.

"뭐가 그리 급해서……. 모기장 열고 나가지, 그냥 뚫고 나갔어?"

"이모부 미안해요. 마당에 까치가 날라와 앉아 있어서 너무 신기해서 그랬어요. 진짜 모기장 못 봤어요. 죄송해요."

뭐 잘됐다. 옆구리 터진 모기장. 아예 수리도 불가능하게 새로 하나 장만하라고 정리해주는구나. 아이들에게는 분수가 나오는 광장이 아니라 필요하면 당장이라도 거실에서 밖으로 뛰어나갈 수 있는 마당이 필요하다. 10평도 좋다. 아니 3평이면 충분하다. 작지만 거실과 바로 연결된 마당이면 아이들에게는 천국이다.

모기장 뚫고 나간 모습을 보지 못한 사람은 잘 모른다. 얼마나 황당하면서도 신기한지. 그리고 얼마나 재미있는지. 그날 이후 우리 집에는 새로운 유행어가 생겼다.

밥 먹다 모기장 뚫고 하이킥.

매트릭스와
땅콩집

1999년, 극장에서 네 번이나 본 영화가 있다.

'매트릭스'. 대부분은 영화에서 가장 인상에 남는 장면으로 이 장면을 꼽을 것이다. 네오가 총알을 피하는 아주 멋있는 장면 말이다. 그러나 나는 이 부분보다는 모피어스가 네오를 처음 만나서 네오 손에 알약 두 개를 주는 장면이 가장 인상적이었다. 빨간 약과 파란 약. 두 알 중에 파란 약은 현재 사는 현실로 다시 돌아오는 약이고 빨간 약은 진실을 알게 되는 약이다. 네오는 진실을 알고 싶어 빨간 약을 먹고 결국 모피어스 멤버에 합류하게 된다. 인간이 멸망한 진실. 이 장면이 너무 인상깊어 그날부터 이상한 꿈을 꾼다. 처음 보는 사람이 나타나서 내게 말을 건다.

"이현욱 씨 당신을 쭉 지켜봤습니다."

분명 모피어스는 아니지만 얼굴이 없는 사람도 아닌데 얼굴 생김새가 기억이 안 난다.

　"네? 누구시죠?"

　"그게 중요한 게 아닙니다. 파란 약과 빨간 약이 있습니다. 빨간 약을 먹으면 진실을 알 수 있습니다."

　얼굴 없는 그 사람은 두 개의 알약을 내 얼굴 가까이에 내민다.

　"이거 먹으면 진실을 알 수 있나요? 나의 미래가 보이나요?"

　파란 약, 빨간 약을 내 손에 쥐어주는 꿈. 당시 나는 내 인생의 정체성에 대해 한참 고민하던 중이었고, 그렇기에 더욱 현실에 적응 못하고 방황하던 나에게 아주 어울리는 장면이었다. 그 이후로 새로운 사람을 만나면 많은 시간을 들여 대화를 하는 버릇이 생겼다. 마치 오래 전에 만났던 사람처럼. 이 사람이 언제 빨간 약 주나? 나에게 삶의 진실을 알려줄 사람은 아닌가? 여행을 가면 여행에서 만나는 사람들을 통해 자아가 성장한다는 것처럼 많은 사람들에게 최대한 많은 것을 배우려고 노력했다. 그리고 그들로부터 많은 빨간 약을 받아 먹었다.

　그리고 2011년 친구랑 땅콩집을 짓고 집 짓기 이야기를 세상에 알려야 한다는 신념에 친구랑 같이 글을 썼다. 이렇게 탄생한 책이 〈두 남자의 집짓기〉다. 책을 통해 많은 사람들에게 진실을 알렸다. 아니 매트릭스처럼 빨간 약을 공급했다. 그런데 그냥 약만 공급했지, 내용이 없다. 매트릭스 영화를 보면 기계군단과 대적할 시스템이 어느 정도 만들어져 있어서 네오가 기계들과 매트릭스에서 대적을 한다. 그럼 땅콩집은?

"당신은 누구시죠?"

"빨간 약을 먹으면 집에 대한 진실을 알게 됩니다. 빨리 이 약을 먹어요."

"네, 그럼 이 약을 먹고 그다음은 뭘 하죠?"

"알아서 잘 하세요."

며칠 전에 나한테 메일이 하나 왔다. 〈두 남자의 집짓기〉 책을 통해 희망과 절망을 경험하게 해줘서 고맙다는 내용이었다. 이 책이 없었으면 그냥 아파트에서 편하게 살 수 있었는데, 덕분에 아파트를 버리고 개고생을 하게 되었다는 미움 섞인 메일이었다.

집 짓기는 참 쉬우면서 어렵다. 어른들의 말씀에 '집 지으면 10년 늙는다.'는 얘기가 있다. 과거에 집을 짓다가 낭패를 겪었던 경험에서 생겨난 말이다. 집 짓기에 전문지식이 없는 상태이고 그 당시에는 정보력도 떨어져시 문제가 생기면 물어볼 데도 없던 시절이었다. 분명 집 짓기는 인생의 어려운 도전이다. 집 짓기가 건축부분의 문제만 있으면 다행이지만 여러 현상이 얽히는 경우가 많기 때문에 아주 복잡한 도전이다. 예를 들어 어디에 땅을 사고, 이 땅은 좋은 땅인지, 등기상에 문제가 없는지, 건축허가가 나는 땅인지, 가격이 비싼지, 그럼 땅을 사서 어떤 집을 지어야 하는지, 내가 가지고 있는 돈으로 충분한지, 형태는 어떠해야 하는지, 외장재와 내장재는 어떤 것이 좋은지, 이 집에 맞는 가구는 또 어떤 것이 외장재와 어울리는지 등을 고민해야 하고 결정할 게 많다. 뿐만 아니라 건축가는 누구를 선택하며 시공은 어디에 맡겨야 올바른 선택인지, 설계는 언제 하고 시공은 언제 할

지, 시공방법은 철골로 할지, 목조로 할지, 콘크리트로 할지 고민하고 생각할 게 너무 많아 10년 늙을 만도 하다. 이 정도면 다 끝난 건가 싶다가도 순간의 잘못된 결정으로 순서가 엉망이 되는 경우도 많다. 건축주랑 설계미팅을 하면서 가장 많이 접하는 질문이 "어머 이런 것도 고민해야 하나요?"이다.

건축, 집 짓기는 선택이다. 모든 순서가 선택에서 시작하고 선택에서 끝난다. 장점만 모아서는 절대로 집을 지을 수 없다. 그것은 욕심이고, 불가능한 일이다. 선택에 이점도 있지만 손실도 생긴다. 쉽게 말해 싸고 좋은 집은 없다. 비싸다고 좋은 집도 아니다. 집이란 마음먹기에 달렸다. 천천히 시간을 가지고 살펴보며 지금까지 함께하는 이들을 믿고 따라가면 예상보다 훨씬 만족할 만한 결과에 다다를 수 있다. '매트릭스'에서 모피어스가 네오를 구원자라고 목숨을 걸고 믿음으로써 네오가 그 믿음에 부응하듯 절대지 본연의 모습을 발견히고 모피어스를 위험에서 구한 것처럼.

집 지으면 10년 늙는다는 말을 부정하지 않는다. 그만큼 진짜 힘든 과정이기 때문이다. 그래도 집 짓기는 재미있고 인생에서 도전할 가치는 충분히 있다. 당신은 이 어려운 길을 걸어갈 것인가? 아니면 집을 짓기보다 돈 주고 집을 살 것인가? 쉬운 방법을 택할 수도 있지만 집은 돈 주고 사는 물건이 아니다. 인간은 태어나서 집을 짓고 그 집에서 인생의 고통과 즐거움을 느끼며 그 집에서 죽는다. 의, 식, 주, 인생의 기본이 되는 중요한 요소들. 옷을 지어서 입고 밥을 지어서 먹고 집을 지어서 산다. 선조들은 왜 의식주와 관련된 단어에 '짓는다'는

단어를 붙였을까? 인간은, 스스로 먹을 것과 입을 것, 살 곳을 짓고
살아가는 존재로 태어났기 때문이 아닐까?

　여러분 여기 빨간 약과 파란 약이 있습니다. 빨간 약을 먹으면 힘든
집 짓기의 여정이 기다리지만 인생의 진실을 알게 됩니다. 파란 약은
현실에 안주하는 편안한 삶을 가져다줍니다.
　빨간 약, 파란 약. 이제 당신의 인생을 선택하세요!

나는 왜
집을 짓는가?

대학교에서 건축을 공부하던 시절 건축학과가 있던 공대 건물을 우리는 '얼음창고'라고 불렀다. 북향 건물에 남쪽으로는 우리 건물보다 높은 아파트가 있어 항상 그늘이 졌고 여름에도 햇볕이 잘 들지 않아 시원하다 못해 춥기까지 했다. 3월에도 건물 앞에는 겨울에 내린 눈이 녹지 않고 그대로 쌓여 있을 정도니 건물 별명으로 얼음창고가 제격이었다. 2학년 때까지 얼음창고에서 매일 밤을 새고 건축에 미쳐 있던 시절 갑자기 이상한 생각이 들었다. 햇볕을 못 받아서 우울증이라도 온 건지 모든 게 다 싫어지고 허무해졌다. 내가 뭐가 좋아서 이렇게 매일 밤을 꼬박 새면서 건축이 어쩌고저쩌고 떠들고 있는 것일까. 마치 건축을 다 아는 것처럼 떠드는 나 자신을 발견하고 그런 나의 모습이 싫고 미웠다. 지금 생각해보면 아는 것은 하나도 없으면서 건축에 열을 올리며 떠들던 모습이 때론 우습기도 하다.

맞아! 이러다 죽겠다. 햇볕이 부족하니 나가서 일광욕을 하고 나무처럼 광합성을 하자는 생각으로 햇볕이 잘 들고 잔디밭도 좋고 여학생도 많은 예술대 쪽으로 가서 점심도 먹고 자판기 커피 한 잔 하면서 햇볕을 즐기기로 했다. 커피 한 잔 손에 들고 잔디밭에 앉아 햇볕을 받으며 열심히 광합성을 1시간쯤 했을까? 그때 저 멀리 걸어오는 무리들 가운데 한 여학생이 눈에 띄었다. 너무도 아름다워 현기증이 일어날 지경이었다. 빈혈인가? 햇볕을 못 본 부작용인가? 하지만 어느새 나는 그녀의 뒤를 따라가고 있었다. 계단을 오르고 복도를 지나 그냥 그 여자가 좋아서 조금이라도 더 보고 싶은 마음에 강의실까지 따라 들어간 것이다. 지금도 기억나는 2층 204호 강의실. 교수님이 40명 정도의 학생들에게 강의를 하고 있었다. 누구 못지 않은 열정적인 강의 내용에 나도 모르게 빨려 들어갔다. 인문학 강의, 소크라테스의 "너 자신을 알라!" 마치 내 얘기를 하는 것 같아 여학생의 존재는 까맣게 잊은 지 오래였다. 특히 교수님이 집을 지어본 경험담을 토대로 소크라테스의 대화체로 진실을 탐구하자는 논리에 나는 점점 강의에 집중하게 되었다.

"'너 자신을 알라.'는 소크라테스가 한 말이 아니고 아폴로 신전에 새겨져 있던 말입니다. 후에 소크라테스의 사상을 정리하는 과정에서 인용된 말로, 아테네에서 가장 현명한 사람이 누구냐고 물어보면 모든 사람들이 소크라테스라고 답을 내립니다. 이에 소크라테스는 자신이 남들과 다른 이유를 찾게 되는데 그것이 바로 '나는 나의 무지를 안다.'는 것입니다. 나 자신을 아느냐? 고로 나 자신의 무지를 아는 게 소크라테스 철학의 시작이요 끝입니다."

교수님은 집 짓기 과정을 통해 자신의 무지와 인생을 다시 보는 계기가 되었다고 했다. 철학과 교수님이 집을 지으면서 자아성찰을 하고 인생의 해답을 찾는다? 이건 건축과 학생들이 들어야 하는 강의 아닌가? 교수님은 계속 말을 이었다. 부모님이 집을 지으면 10년을 늙는다며 집 짓기를 반대했다고 한다. 그냥 편안한 아파트에 살라고 권유했지만 심리학을 전공한 교수로서 아이들의 정서발달을 위해 마당 있는 집에서 아이들을 키우고 싶었다는 것이다. 힘든 일이라는 걸 알고 시작했지만 부모님 말씀을 백번 이해했다는 교수님의 이야기를 들으며 '집을 지으면 10년은 더 늙는다.'는 얘기는 건축과 학생인 나에게 흥미를 유발하기에 충분했다.

교수님은 땅을 구입하고 3개월 동안 설계를, 7개월 동안 공사를 진행하면서 거의 1년이라는 시간을 투자해서 집을 완성했으며 집을 짓는 동안 소크라테스의 말처럼 "내가 인생에서 아무것도 모른다는 것을 알았다."고 했다. 뿐만 아니라 잊고 지냈던 어린시절의 기억과 추억들, 아내와 아이들과의 관계, 특히 부모님이 자식을 키우느라 고생한 고마움을 알게 되었다고 한다. 집을 짓기 전의 삶은 자신만을 위한 삶이었고 집을 짓고 난 다음에는 주변 사람들의 소중함과 고마움을 알게 되어 인생은 나 혼자가 아니라 같이 사는 것 자체가 중요하다는 것을 깨달았다는 말도 덧붙였다.

내가 찾던 답을 여기서 듣게 될 줄이야! 나는 그날 내가 왜 건축을 좋아하고 공부하는지 이유를 알게 되었다. 그리고 나의 미래를 꿈꾸는 일도 가능해졌다.

집을 짓는 과정은 참으로 행복한 일이다. 그리고 인생이 바뀌는 계기가 되는 일에 내가 동참할 수 있다니, 게다가 건축의 길이 이렇게 중요한 사회적 책임도 따른다는 것을 깨닫게 되었다. 그날 이후 내 전공을 살려 많은 사람들의 집 짓기를 도와주는 일이 바로 내가 할 일이라 생각하니 희망이 생겼다. 매일 밤을 새면서 건축에 대해 피를 토하면서 토론하는 나의 모습이 정당성을 찾게 된 것이다. 반복되는 힘든 일에도 피곤함을 느끼지 않고 건축을 재미있게 할 수 있을 것만 같았다. 나의 철학수업은 그 이후로도 계속되었다. '인문학 집 짓기'는 도강이었지만 그 교수님에 대한 고마움을 간직하고 그때의 다짐을 잊지 않은 채 지금까지 일하고 있다. 물론 그때 나를 강의실로 인도한 아름다운 여학생도 잊지 않고 있다.

부록

나도 마당 있는
작은 집에 산다

용인 스튜디오
땅콩집

아이들을 위해
직장과 집을 합친 사진작가
이야기

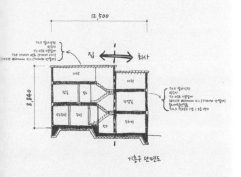

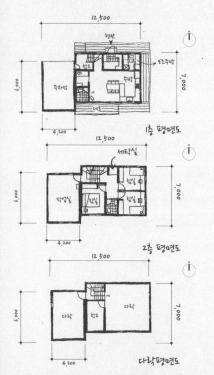

기초구 단면도

1층 평면도

2층 평면도

다락평면도

직업이 사진작가인 건축주는 작업을 하다 보면 밤을 새는 일이 많아 직장 근처에 집을 구해서 가정도 돌보고 일도 열심히 하는 아빠가 되기를 원했다. 그러나 현실은 생각처럼 되지 않았다. 다른 아빠들도 그렇지만 둘 다 만족시키는 것은 불가능하다고 생각했다. 그러던 중 땅콩집을 알게 되고 생각이 바뀌었다. 부부는 평소 아이들이 다 자라면 시골에 작은 집을 지을 생각을 하고 있었다고 한다. 그러나 '지금 당장 가지고 있는 돈으로 단독주택에서 아이들과 행복하게 사는 게 나이 들어 근사한 주택에서 사는 것보다 더 낫다.'는 땅콩집 정신에 동화되어 직장과 집이 같이 있는 땅콩집을 짓기로 했다. 자금의 여유가 없어 서울은 포기하고 용인동백 신도시에 땅을 구입했다.

부부는 한 동은 사진스튜디오, 나머지 한 동은 가족이 사는 집으로 구성된, 사무실과 집이 같이 있는 땅콩집을 의뢰했다. 조건은 땅을 사고 남은 돈 2억에 맞춰 집을 설계하는 것이다. 부부는 그냥 편안한 집, 모자라면 내가 살면서 고치면 되는, 가족이 행복하게 살 수 있는 작은 집을 원했다. 즉, 공간의 넓이가 아니라 편안함의 넓이에 집의 가치를 두겠다는 마음이었다.

그래 아주 편안한 집을 짓자. 모자라면 살면서 직접 채워 나가면 된다. 집이 직장이고 직장이 집이니 살면서 네 식구가 매일 조금씩 집을

가꿔 나가면 된다고 생각했다. 설계는 일사천리로 진행이 됐고 공사
도 일정에 맞춰서 두 달 만에 완성되었다. 건물을 뺀 나머지 담, 조경,
창고는 봄이 오면 수리하기로 하고 2월에 입주를 했다. 5월엔 조경과
담은 물론 아이들을 위한 축구골대도 만들어졌다. 물론 담벼락에 그
린 골대이지만 축구를 하기에는 아무런 문제가 없다. 골대 옆 텃밭에
는 벌써 상추가 자라고 있다. 담 옆의 쪽문에는 이런 메모가 적혀 있다.

"지나가다 생각나시면 벨을 누르세요. 커피는 무료입니다."

집이 편하다 못해 동네 사랑방이 되었다.

판교 동창
땅콩집

고등학교 동창과 같이 땅콩집
도전하기.

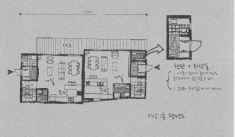

지상 1층 평면도

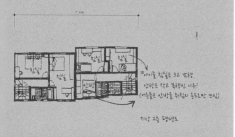

지상 2층 평면도

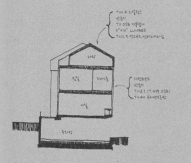

판교 50록조주택 신축공사 건물 "종" 단면도

아내의 친구가 땅콩집을 짓겠다
고 한다. 아내의 친구는 죽전 모바
일홈부터 나의 집 짓기 실험을 가까
이에서 본 장본인이다. 그래서 별
문제가 없다고 생각했는데 아내는
달랐다. 집을 설계하다 보면 100%
만족하는 집을 짓는 건 아니다. 부
부가 이혼을 하듯 건축주와 건축가
는 궁합이 안 맞아 헤어지기도 한
다. 건축가마다 특징이 있어 그 특
징이 나와 잘 맞는지를 파악해야 하
지만 아직까지 건축주의 눈이 그것
을 판단하기는 쉽지 않다. 아파트
생활에 길들여져 있어 내가 무엇을
원하는지 모르는 사람이 대부분이
기에 아내의 걱정이 이해가 갔다.
괜히 좋은 관계가 나빠질 수도 있지
만 나의 건축철학을 누구보다 잘 이
해해주는 친구라 문제가 없을 거라
고 아내를 안심시켰다. 선택은 친
구가 할 것이다. 그 선택에 자신이
책임을 지면 된다고 말하지만 친구

도 혼자 집 짓기를 하는 게 아니고 또 다른 친구와 하는 땅콩집이라, 설계 중간에도 아내의 잔소리를 들으면서 설계미팅을 진행했다. 건축주들은 고등학교 죽마고우로 서로의 신뢰가 두터웠다. 땅콩집의 특징이 벽 하나를 두고 마당을 공유하는 양식이라 서로의 삶에 대한 배려와 협력이 중요하다. 나는 설계를 하면서 건축주의 얘기를 많이 들어주는 편이다. 그래야 그 사람의 삶의 방식을 이해하고 집의 공간을 만들 수 있다. 내가 살 집이 아니기 때문이다. 그러나 이번 경우는 거꾸로 나와 아내의 땅콩집 생활에 두 집이 귀를 기울이고 땅콩집 공부를 시작했다.

서로의 대문을 최대한 멀리하자

한 필지에 두 집이 살다보니 최대한 사생활을 보호하는 게 중요하다. 예를 들어 현관이 가까우면 벨소리도 들리고 옆집에서 피자 시켜 먹는 것까지 알 수 있다. 그래서 현관을 완전히 반대로 배치했다.

집과 집 사이 공간에는 방음을 철저히

층간 소음이 싫고, 옆집 세대 간의 소음이 문제라서 단독주택에 이사를 왔는데 땅콩집은 이웃이 있는 단독주택이다. 그렇다보니 옆집과의 소음에 대해 최대한 신경을 써서 집을 짓는다. 이 집의 경우 중간 벽에다가 스튜디오 바닥에 사용하는 고무판까지 설치해서 세대 간 소음을 완벽하게 차단했다. 물론 목조벽체도 엇갈린 구조로 하고 합판 보강까지 했다.

1층엔 거실과 주방만, 2층에 침실을 배치한다.

땅콩집이 난방비가 적게 나오는 비결이 여기에 있다. 낮에는 1층만 난방을 하고 밤에는 2층만 난방을 한다. 추가로 작은 공간을 효율적으로 설계를 하려면 이런 층간 배치가 유리하다.

지붕은 경사지붕으로, 다락방은 필수.

다락이 있으므로 2층이 겨울에 따뜻하고 여름에 시원하다. 작은 집에 다락이 있으므로 공간의 여유가 생겨 추후에 모자라는 방을 다락에 만들 수도 있다.

마당과 나란한 건물배치

마당은 공유하지만 각자가 마당을 가지는 구조로 만들 수 있다. 예를 들어 최악의 땅콩집 배치는 마당을 가운데 두고 서로 마주보는 배치이다. 이런 경우 서로가 훤히 들여다보여 각자의 독립된 생활을 할 수가 없다. 마당도 주인이 없는 마당이 될 확률이 높다.

옆집에 같은 또래의 아이들이 있는 게 좋다.

이웃사촌이라 아이가 같은 또래면 친밀도가 높아지고 자기들끼리 형, 동생하며 자란다. 같은 학교를 다니고 같은 학원을 다닐 수 있어 서로 등하교를 도와주고 급한 일이 있을 때 아이들을 옆집에 부탁하기 좋다.

마당의 영역을 미리 정하자.

텃밭을 만들지, 아니면 모래놀이터를 만들지 두 집이 상의해서 미리 정해야 한다. 마당은 공동의 자산이지만 마당에서 하고 싶은 게 서로 다를 수 있다. 그래서 미리 정해 놓으면 서로 불만의 빌미를 사전에 막을 수 있다.

서로 배려하고 협력하자.

가장 중요한 대목이다. 두 집이 함께 사는 집이라 이 부분이 지켜지지 않으면 서로 같이 살 수가 없다. 긍정적인 마인드로 서로를 존중하면서 살아야 한다. 그러면 자동으로 아이들도 서로 배려하고 협력하며 산다. 이 부분은 땅콩집 선배들의 똑같은 조언이다.

강화 화실
땅콩집

은퇴한 미술 선생님,
집도 필요하지만 나만의
화실이 필요해요.

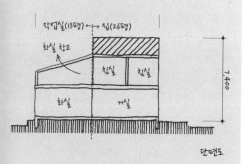

작업실(13평) ←→ 집(26평)

화실 창고

침실 | 침실

화실 | 거실

7,400

단면도

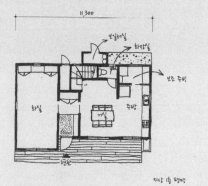

11,300

보일러실
화장실

보조 주방

화실

거실 | 주방

현관

지상 1층 평면

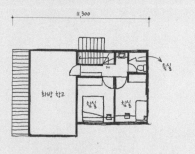

11,300

화방 창고

침실 | 침실

화실

지상 2층 평면

일반적으로 아파트에 살다가 단독주택에서 살려면 훨씬 비용이 많이 든다고 생각을 한다. 만약에 3억짜리 아파트에 살다가 단독주택으로 이사를 가려면 적어도 5억 이상이 필요하다고 생각한다. 그래서 아파트 생활을 벗어나지 못하고 단독주택은 그저 동경의 대상으로 남는다. 집을 짓는 데 드는 비용이 3억이라 해도 관리비용이 많이 든다면 또한 소용이 없는 것이다. 과연 단독주택이 더 비싸고 관리비용이 많이 들까? 여기서 생각의 차이가 분명히 있다. 어떤 단독주택인가에 대한 생각의 차이다. 20평 단독주택이냐, 아니면 60평 단독주택이냐의 차이다. 30평 아파트에 살아도 단독주택에 살려면 60평은 되어야 한다는 게 사람들의 보편적인 사고방식이다. 30평 아파트는 전용면적 25평으로, 25평짜리 단독주택으로 가도 네 식구가 살기 충분하다. 집이 작아지면 공사비 1억이면 충분하고 관리비용도 적게 나온다.

이 부분을 이해한 건축주가 찾아왔다.

"강화에 부모님이 물려준 땅이 있어서 나 혼자 살 작은 집을 짓고 싶어요. 한 25평만 지어도 크죠? 그리고 옆에 작게 화실 하나 있으면 좋겠어요. 그림도 그리고 손자들이 놀러오면 자고 가게. 그렇게 살고

싶어요."

"네 25평이면 대궐이죠. 손자네 반 아이들 모두 놀러와도 될걸요?"

그렇게 설계가 시작됐다.

현관을 중심으로 왼쪽은 화실, 오른쪽은 집

하나의 필지에 별동으로 가기로 한 화실은 불편하면 잘 안 쓰게 된다는 이유로 살림집에 붙였다. 물론 겨울에 난방비 문제와 관리상의 이유도 있다. 현관을 중심으로 왼쪽은 작업실, 오른쪽은 살림집이 된다. 이 집은 2층으로 지어 다락이 없다. 하지만 손녀, 손자들이 다락에

서 노는 걸 좋아하므로 다락을 만들어야만 했다. 지금도 큰데 또 다락층을 만들기에는 시골동네에서는 너무 높은 집이다. 아마 완성하면 동네에서 가장 높은 건물이 될 것 같았다. 그래서 작업실 위에 다락을 만들어서 2층에서 연결을 했다. 이 다락으로 화실은 여름에 시원하고 겨울에 따뜻하게 유지될 수 있다. 그리고 2층에서 연결이 되므로 다락으로 올라가는 계단을 따로 만들 필요가 없다. 외장은 리얼징크에 시멘트 사이딩(외장용 자재)에 페인트칠을 했다. 동네에 그림을 그리듯 시멘트 사이딩에 색깔을 입혔다. 빨간색이 포인트로 동네에 활력을 넣어주었다.

파주 사랑방
땅콩집

남편 손님이 집에 자주
놀러와요. 남편 사랑방을
따로 만들어주세요.

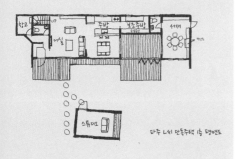

파주 N씨 단독주택 1층 평면도

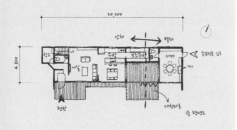

1층 평면도

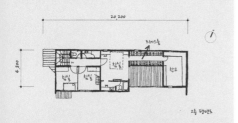

2층 평면도

우선 단독주택에 전세를 살아보
면 동네의 장점을 알 수 있다.

일산에 일에 있어 지나가는 길에
오랜만에 지인을 불러 통닭에 생맥
주 한 잔을 했다.

"형 오랜만이야? 여전히 바쁘
지?"

"내가 너보다 바쁠라고. 그래 땅
콩집은 어때? 사업은 잘되지?"

"죽겠어, 건축주와 시공사 중간
에서 껴서 너무 힘들어. 건축주는
좋은 집을 저렴하게 짓고 싶고 시공
사는 좋은 집에 대한 대가를 달라고
하고 나는 둘 다 만족할 수 있는 설
계를 해야 해. 마치 불가능한 일을
하는 것 같아. 차라리 설계과정에서
공사비 생각하지 않고 멋진 설계를
하고 공사비가 나오면 건축주는 쿨
하게 돈 내고 집이 아닌 건축작품을
하고 싶어."

"야 그래서 인기가 많은 거 아냐!
누구나 할 수 있으면 땅콩집에 이현

욱이 필요없지! 힘들어도 너는 해낼 거야."

"그나저나 형은 집 안 지어?"

"나도 집 짓고 살고 싶어. 아파트에서 아이 키우기가 영 아니야. 아내도 같은 생각이지만 단독주택이 불편하고 관리비용도 많이 나온다며 반대하는데, 어떻게 설득할지 모르겠어."

"형수가 단독주택의 장점을 알려면 살아봐야 하니깐 우선 전세로 살아봐! 땅을 사서 집을 지어야겠다는 결정이 어려우니 연습이 필요해. 아파트도 전세 살아보고 그 다음에 집 사잖아. 단독주택도 똑같아. 직장이 일산이니깐 파주 운정 신도시 쪽으로 어때? 신도시가 초등학교도 가깝고 마트도 있고 형이 좋아하는 도서관도 가까워. 교통도 생각보다 좋아."

농담으로 한 얘기에 형은 상당히 진지해졌다. 아니나 다를까 두 달만에 땅콩집에 전세를 얻어 이사를 갔다. 단독주택 전세를 산 지 1년만에 살던 집 근처에 땅을 구입하고 집 짓기를 시작했다. 사는 곳에서 거리가 한 50m도 안 되는 곳에 땅을 구입했다. 아이랑 산책을 다니다보니 동네가 좋아졌다고 한다. 살아보니 조용하고 출퇴근도 문제가 없어 이 동네에 정착을 결심했다.

안채와 별채가 있는 땅콩집

땅을 구입하고 일은 일사천리로 진행이 됐다. 형은 집 구조에 별로 관심이 없었다.

"집은 형수랑 얘기해라. 나는 별도의 사랑방만 만들어 줘. 별채와

안채. 별채는 내 작업실 겸 영화감상실이고 친구들이 놀러오면 거기서 맥주 한잔 하면서 밤새도록 인생에 대해 이야기하고 싶어. 도로 쪽에 쪽문도 만들어 줘. 친구들이 편하게 사랑방에 놀러올 수 있게. 사랑방에 화장실도 필요해. 난 이게 끝."

"형수님 형이 매일 집에 친구들 불러서 놀아도 괜찮겠어요?"

"제발 별도의 동선으로 해주세요. 저도 그게 편해요. 지금 이 집으로도 친구들을 자주 불러요. 어차피 친구들은 올 거예요. 그러니 서로 편하게 별도의 공간으로 만들어 주세요."

지난 겨울에 설계미팅하러 형 집에 갔는데 재미있는 모습을 볼 수 있었다. 창문마다 비닐이 붙어 있었다. 집이 너무 추워서 할 수 없이 비닐로 막았다는 것이다.

"다 좋은데 집은 안 추웠으면 좋겠어요. 제가 원하는 집입니다."

이렇게 설계는 끝나고 공사가 시작이 됐다. 그 전셋집에서는 1년 2개월 만에 이사가 결정된 것이다. 전세가 안 나갈까봐 걱정했는데 반

대로 너무 빨리 나가서 문제가 생겼다. 부동산에서는 요즘 단독주택 전세가 인기라고 한다. 특히 젊은 부부들이 보러 다니는 특이한 현상이 일어나고 있다고 한다. 건축허가가 조금 늦어져서 5월 4일 착공이 시작되었다. 문제는 이사 날짜가 5월 30일이라는 것이다. 26일 안에 끝낼 수 있을까? 물론 불가능한 건 아니지만 쉽지도 않다. 형한테는 문제없다고 안심시켰지만 나는 시공 팀을 들들 볶을 수밖에 없었다. 5일 안에 골조공사가 끝나고 방수지를 덮고 창문을 설치하고 설비와 전기공사가 들어가고 외·내부 마감공사가 시작되었다. 다들 열심히 했지만 결국 10일이 초과하고 말았다. 이삿짐은 10일 동안 창고에 있었고 형네 가족은 덕분에 중국으로 여행을 떠났다. 중국에서 돌아오면 할 일이 많을 것이다. 짐도 정리하고 마당에 잔디도 심고 나무도 심어야 한다. 온 가족이 총동원되어 한여름에 땀을 뻘뻘 흘리며 심겠지. 행복한 고생은 사서도 한다는데 제2의 인생을 시작하는 첫 단추치고는 괜찮아 보인다.

공사중 사진이다

용인 전세
땅콩집

집 짓기 친구를 못 찾았어요.
어떡하죠?
그럼 옆집을 전세 주세요.

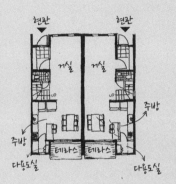

중동 단독주택 1층 평면도

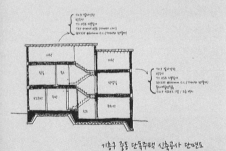

기층구 중동 단독주택 신축공사 단면도

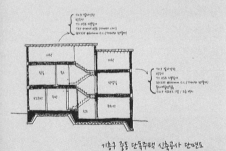

2층 평면도

"땅콩집 짓기 친구를 못 찾았어요. 어떡하죠?"

친구 찾기는 생각보다 쉽지 않다. 우리 집 옆 땅이 매물로 나와서 무조건 그 땅을 샀다. 이유는 땅콩집이 두 세트가 있으면 서로 마당을 공유하는 시너지 효과가 있고, 또 같은 또래의 아이들이 서로 땅콩집을 오가며 살 수 있는 동네를 만들고 싶었기 때문이다. 땅은 계약했지만 건축주를 한 사람밖에 못 찾았다. 할 수 없이 이집소(이현욱좋은집연구소) 카페에 다른 친구를 찾는다는 공지를 했다. 어찌 보면 말도 안되는 프로젝트지만 땅콩집을 완성하려면 친구가 필요했다. 다행히 구입한 땅이 마음에 든다는 카페회원이 있어 서로 만나기로 했다.

"살면서 친구하면 되죠. 처음부터 친구는 없잖아요? 같이 살다 보면 정도 들고, 그래서 이웃사촌이라고 하잖아요. 친구하세요."

두 가족의 어색함이 이루 말할 수 없었다. 내가 서로 친구하라고 부추겼지만 분위기는 영 어색했다. 결국 친구 만들기는 실패했다.

친구 찾기에 실패한 건축주는 부모님의 도움으로 땅의 잔금을 치렀다. 할 수 없이 우선 설계를 진행하고 전세입자를 구하기로 했다. 카페에 땅콩집 세입자 모집 광고를 했다. 그런데 의외로 신청자가 몰려들어 전세입자를 쉽게 구할 수 있었다. 우리 집과 똑같은 구조로 설계하면서 내가 살아본 우리 집의 불편한 점만 보강했다.

아내가 말하는 우리 집의 불편한 점
① 1층에 화장실이 없다.
손님이 오면 1층에 화장실이 없어 2층까지 올라가야 하는 불편함

이 있다. 그래서 우리 집의 창고 위치에 손님용 화장실을 하나 더 만들었다.

② 2층에 세탁실이 있었으면 좋겠다.

2층에서 빨랫감이 나오면 1층 세탁기로 가져가서 세탁을 하고 젖은 빨래를 2층 발코니에 널어 말린다. 젖은 빨래를 2층에 들고 올라가기 너무 힘들다는 것이다.

③ 부엌에 다용도실이 필요하다.

주방에 다용도실이 없으니 수납이 절대적으로 부족하다. 주방을 줄여 다용도실을 만들고 문을 달았다.

같은 모양의 땅콩집이 반복된 것보다 조금 다른 땅콩집이 있는 게 서로 도움이 된다고 판단하고 외장재로 다른 재료를 선택했다. 시멘트보드랑 적삼목으로 앞뒤를 디자인하고 옆면만 리얼징크로 마감했다. 드디어 또 다른 땅콩집이 완성되고 두 집이 이사를 왔다. 조용한 동네가 우리 아이들로 시끄러웠는데 이제 네 집 아이들이 쏟아져 나와 동네가 떠나가라 떠들어댔다. 아이들은 이 마당 저 마당 하루 종일 돌아다니고 집도 순례를 한다.

"오늘은 어느 집에서 놀까?"

나는 마당 있는
작은 집에 산다

초판 1쇄 발행 2013년 9월 30일
초판 2쇄 발행 2013년 10월 5일

글 이현욱
펴낸이 도승철
펴낸곳 카멜레온북스
등록 2005년 5월 2일 제 105-14-87935호
주소 서울 마포구 서교동 395-126
전화 322-1612~3 팩스 322-1085

ISBN 978-89-6546-122-7 03610

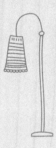